Phaedra et Oedipus
Lucius Annaeus Seneca

Phaedra et Oedipus
Copyright © JiaHu Books 2014
First Published in Great Britain in 2014 by Jiahu Books – part of Richardson-Prachai Solutions Ltd, 34 Egerton Gate, Milton Keynes, MK5 7HH
ISBN: 978-1-78435-016-1
Conditions of sale
All rights reserved. You must not circulate this book in any other binding or cover and you must impose the same condition on any acquirer.
A CIP catalogue record for this book is available from the British Library
Visit us at: jiahubooks.co.uk

PHAEDRA	5
OEDIPVS	39

PHAEDRA

Hippolytvs Ite, umbrosas cingite siluas
summaque montis iuga Cecropii!
celeri planta lustrate uagi
quae saxoso loca Parnetho
    subiecta iacent,
quae Thriasiis uallibus amnis   5
rapida currens uerberat unda;
scandite colles semper canos
    niue Riphaea.
Hac, hac alii qua nemus alta
texitur alno, qua prata patent   10
quae rorifera mulcens aura
Zephyrus uernas euocat herbas,
ubi per graciles breuis Ilisos
labitur agros piger et steriles
amne maligno radit harenas.   15
Vos qua Marathon tramite laeuo
    saltus aperit,
qua comitatae gregibus paruis
nocturna petunt pabula fetae;
uos qua tepidis subditus austris   20
frigora mollit durus Acharneus.
Alius rupem dulcis Hymetti,
paruas alius calcet Aphidnas;
pars illa diu uacat immunis,
qua curuati litora ponti   25
    Sunion urget.
si quem tangit gloria siluae,
    uocat hunc flius:
hic uersatur, metus agricolis,
uulnere multo iam notus aper.   30
    At uos laxas canibus tacitis

   mittite habenas;
teneant acres lora Molossos
et pugnaces tendant Cretes
fortia trito uincula collo.
at Spartanos (genus est audax 35
auidumque ferae) nodo cautus
   propiore liga:
ueniet tempus, cum latratu
   caua saxa sonent.
nunc demissi nare sagaci
captent auras lustraque presso 40
quaerant rostro, dum lux dubia est,
dum signa pedum roscida tellus
   impressa tenet.
   Alius raras ceruice graui
   portare plagas,
alius teretes properet laqueos. 45
picta rubenti linea pinna
uano cludat terrore feras.
Tibi libretur missile telum,
tu graue dextra laeuaque simul
robur lato derige ferro; 50
tu praecipites clamore feras
   subsessor ages;
tu iam uictor curuo solues
   uiscera cultro.
   Ades en comiti, diua uirago,
cuius regno pars terrarum 55
   secreta uacat,
cuius certis petitur telis
fera quae gelidum potat Araxen
et quae stanti ludit in Histro.
tua Gaetulos dextra leones, 60
tua Cretaeas sequitur ceruas;
nunc ueloces figis dammas
   leuiore manu.
tibi dant uariae pectora tigres,
tibi uillosi terga bisontes
latisque feri cornibus uri. 65

quidquid solis pascitur aruis,
siue illud Arabs diuite silua,
siue illud inops nouit Garamans
uacuisue uagus Sarmata campis,
siue ferocis iuga Pyrenes　　　　　　70
siue Hyrcani celant saltus,
arcus metuit, Diana, tuos.
Tua si gratus numina cultor
　　tulit in saltus,
retia uinctas tenuere feras,　　　　　75
nulli laqueum rupere pedes:
fertur plaustro praeda gementi.
tum rostra canes sanguine multo
　　rubicunda gerunt,
repetitque casas rustica longo
　　turba triumpho.　　　　80
　　En, diua, faue! signum arguti
misere canes: uocor in siluas.
hac, hac pergam qua uia longum
　　compensat iter.
　　Phaedra O magna uasti Creta dominatrix freti,　　85
cuius per omne litus innumerae rates
tenuere pontum, quidquid Assyria tenus
tellure Nereus peruium rostris secat,
cur me in penates obsidem inuisos datam
hostique nuptam degere aetatem in malis　　90
lacrimisque cogis? profugus en coniunx abest
praestatque nuptae quam solet Theseus fidem.
fortis per altas inuii retro lacus
uadit tenebras miles audacis proci,
solio ut reuulsam regis inferni abstrahat;　　95
pergit furoris socius, haud illum timor
pudorue tenuit: stupra et illicitos toros
Acheronte in imo quaerit Hippolyti pater.
　　Sed maior alius incubat maestae dolor.
non me quies nocturna, non altus sopor　　100
soluere curis: alitur et crescit malum
et ardet intus qualis Aetnaeo uapor
exundat antro. Palladis telae uacant

et inter ipsas pensa labuntur manus;
non colere donis templa uotiuis libet, 105
non inter aras, Atthidum mixtam choris,
iactare tacitis conscias sacris faces,
nec adire castis precibus aut ritu pio
adiudicatae praesidem terrae deam:
iuuat excitatas consequi cursu feras 110
et rigida molli gaesa iaculari manu.

    Quo tendis, anime? quid furens saltus amas?
fatale miserae matris agnosco malum:
peccare noster nouit in siluis amor.
genetrix, tui me miseret? infando malo 115
correpta pecoris efferum saeui ducem
audax amasti; toruus, impatiens iugi
adulter ille, ductor indomiti gregis--
sed amabat aliquid. quis meas miserae deus
aut quis iuuare Daedalus flammas queat? 120
non si ille remeet, arte Mopsopia potens,
qui nostra caeca monstra conclusit domo,
promittat ullam casibus nostris opem.
stirpem perosa Solis inuisi Venus
per nos catenas uindicat Martis sui 125
suasque, probris omne Phoebeum genus
onerat nefandis: nulla Minois leui
defuncta amore est, iungitur semper nefas.

    Nvtrix Thesea coniunx, clara progenies Iouis,
nefanda casto pectore exturba ocius, 130
extingue flammas neue te dirae spei
praebe obsequentem: quisquis in primo obstitit
pepulitque amorem, tutus ac uictor fuit;
qui blandiendo dulce nutriuit malum,
sero recusat ferre quod subiit iugum. 135
nec me fugit, quam durus et ueri insolens
ad recta flecti regius nolit tumor.
quemcumque dederit exitum casus feram:
fortem facit uicina libertas senem.

    Honesta primum est uelle nec labi uia, 140
pudor est secundus nosse peccandi modum.
quo, misera, pergis? quid domum infamem aggrauas

superasque matrem? maius est monstro nefas:
nam monstra fato, moribus scelera imputes.
Si, quod maritus supera non cernit loca, 145
tutum esse facinus credis et uacuum metu,
erras; teneri crede Lethaeo abditum
Thesea profundo et ferre perpetuam Styga:
quid ille, lato maria qui regno premit
populisque reddit iura centenis, pater? 150
latere tantum facinus occultum sinet?
sagax parentum est cura. Credamus tamen
astu doloque tegere nos tantum nefas:
quid ille rebus lumen infundens suum,
matris parens? quid ille, qui mundum quatit 155
uibrans corusca fulmen Aetnaeum manu,
sator deorum? credis hoc posse effici,
inter uidentes omnia ut lateas auos?
Sed ut secundus numinum abscondat fauor
coitus nefandos utque contingat stupro 160
negata magnis sceleribus semper fides:
quid poena praesens, conscius mentis pauor
animusque culpa plenus et semet timens?
scelus aliqua tutum, nulla securum tulit.
    Compesce amoris impii flammas, precor, 165
nefasque quod non ulla tellus barbara
commisit umquam, non uagi campis Getae
nec inhospitalis Taurus aut sparsus Scythes;
expelle facinus mente castifica horridum
memorque matris metue concubitus nouos. 170
miscere thalamos patris et gnati apparas
uteroque prolem capere confusam impio?
perge et nefandis uerte naturam ignibus.
cur monstra cessant? aula cur fratris uacat?
prodigia totiens orbis insueta audiet, 175
natura totiens legibus cedet suis,
quotiens amabit Cressa? **Ph.** Quae memoras scio
uera esse, nutrix; sed furor cogit sequi
peiora. uadit animus in praeceps sciens
remeatque frustra sana consilia appetens. 180
sic, cum grauatam nauita aduersa ratem

propellit unda, cedit in uanum labor
et uicta prono puppis aufertur uado.
quid ratio possit? uicit ac regnat furor,
potensque tota mente dominatur deus.　　　　185
hic uolucer omni pollet in terra impotens
ipsumque flammis torret indomitis Iouem;
Gradiuus istas belliger sensit faces,
opifex trisulci fulminis sensit deus,
et qui furentis semper Aetnaeis iugis　　　　190
uersat caminos igne tam paruo calet;
ipsumque Phoebum, tela qui neruo regit,
figit sagitta certior missa puer
uolitatque caelo pariter et terris grauis.
Nvt. Deum esse amorem turpis et uitio fauens　　　　195
finxit libido, quoque liberior foret
titulum furori numinis falsi addidit.
natum per omnis scilicet terras uagum
Erycina mittit, ille per caelum uolans
proterua tenera tela molitur manu　　　　200
regnumque tantum minimus e superis habet:
uana ista demens animus asciuit sibi
Venerisque numen finxit atque arcus dei.
Quisquis secundis rebus exultat nimis
fluitque luxu, semper insolita appetit.　　　　205
tunc illa magnae dira fortunae comes
subit libido: non placent suetae dapes,
non texta sani moris aut uilis scyphus.
cur in penates rarius tenues subit
haec delicatas eligens pestis domos?　　　　210
cur sancta paruis habitat in tectis Venus
mediumque sanos uulgus affectus tenet
et se coercent modica, contra diuites
regnoque fulti plura quam fas est petunt?
quod non potest uult posse qui nimium potest.　　　　215
quid deceat alto praeditam solio uide:
metue ac uerere sceptra remeantis uiri.
Ph. Amoris in me maximum regnum reor
reditusque nullos metuo: non umquam amplius
conuexa tetigit supera qui mersus semel　　　　220

adiit silentem nocte perpetua domum.
Nvt. Ne crede Diti. clauserit regnum licet,
canisque diras Stygius obseruet fores:
solus negatas inuenit Theseus uias.
Ph. Veniam ille amori forsitan nostro dabit.   225
Nvt. Immitis etiam coniugi castae fuit:
experta saeuam est barbara Antiope manum.
sed posse flecti coniugem iratum puta:
quis huius animum flectet intractabilem?
exosus omne feminae nomen fugit,   230
immitis annos caelibi uitae dicat,
conubia uitat: genus Amazonium scias.
Ph. Hunc in niuosi collis haerentem iugis,
et aspera agili saxa calcantem pede
sequi per alta nemora, per montes placet.   235
Nvt. Resistet ille seque mulcendum dabit
castosque ritus Venere non casta exuet?
tibi ponet odium, cuius odio forsitan
persequitur omnes? **Ph.** Precibus haud uinci potest?
Nvt. Ferus est. **Ph.** Amore didicimus uinci feros.   240
Nvt. Fugiet. **Ph.** Per ipsa maria si fugiat, sequar.
Nvt. Patris memento. **Ph.** Meminimus matris simul.
Nvt. Genus omne profugit. **Ph.** Paelicis careo metu.
Nvt. Aderit maritus. **Ph.** Nempe Pirithoi comes?
Nvt. Aderitque genitor. **Ph.** Mitis Ariadnae pater.   245
Nvt. Per has senectae splendidas supplex comas
fessumque curis pectus et cara ubera
precor, furorem siste teque ipsa adiuua:
pars sanitatis uelle sanari fuit.
Ph. Non omnis animo cessit ingenuo pudor.   250
paremus, altrix. qui regi non uult amor,
uincatur. haud te, fama, maculari sinam.
haec sola ratio est, unicum effugium mali:
uirum sequamur, morte praeuertam nefas.
Nvt. Moderare, alumna, mentis effrenae impetus,   255
animos coerce. dignam ob hoc uita reor
quod esse temet autumas dignam nece.
Ph. Decreta mors est: quaeritur fati genus.
laqueone uitam finiam an ferro incubem?

an missa praeceps arce Palladia cadam? 260
Nvt. Sic te senectus nostra praecipiti sinat
perire leto? siste furibundum impetum.
[haud quisquam ad uitam facile reuocari potest]
Ph. Prohibere nulla ratio periturum potest,
ubi qui mori constituit et debet mori. 265
proin castitatis uindicem armemus manum.
Nvt. Solamen annis unicum fessis, era,
si tam proteruus incubat menti furor,
contemne famam: fama uix uero fauet,
peius merenti melior et peior bono. 270
temptemus animum tristem et intractabilem.
meus iste labor est aggredi iuuenem ferum
mentemque saeuam flectere immitis uiri.
    Chorvs Diua non miti generata ponto,
quam uocat matrem geminus Cupido: 275
impotens flammis simul et sagittis
iste lasciuus puer et renidens
tela quam certo moderatur arcu!
[labitur totas furor in medullas
igne furtiuo populante uenas.] 280
non habet latam data plaga frontem,
sed uorat tectas penitus medullas.
nulla pax isti puero: per orbem
spargit effusas agilis sagittas;
quaeque nascentem uidet ora solem, 285
quaeque ad Hesperias iacet ora metas,
si qua feruenti subiecta cancro est,
si qua Parrhasiae glacialis ursae
semper errantes patitur colonos,
nouit hos aestus: iuuenum feroces 290
concitat flammas senibusque fessis
rursus extinctos reuocat calores,
uirginum ignoto ferit igne pectus--
et iubet caelo superos relicto
uultibus falsis habitare terras. 295
    Thessali Phoebus pecoris magister
egit armentum positoque plectro
impari tauros calamo uocauit.

Induit formas quotiens minores
ipse qui caelum nebulasque ducit!　　　300
candidas ales modo mouit alas,
dulcior uocem moriente cygno;
fronte nunc torua petulans iuuencus
uirginum strauit sua terga ludo,
perque fraternos, noua regna, fluctus　　305
ungula lentos imitante remos
pectore aduerso domuit profundum,
pro sua uector timidus rapina.
Arsit obscuri dea clara mundi
nocte deserta nitidosque fratri　　　310
tradidit currus aliter regendos:
ille nocturnas agitare bigas
discit et gyro breuiore flecti,
nec suum tempus tenuere noctes
et dies tardo remeauit ortu,　　　315
dum tremunt axes grauiore curru.
　　　Natus Alcmena posuit pharetras
et minax uasti spolium leonis,
passus aptari digitis smaragdos
et dari legem rudibus capillis;　　　320
crura distincto religauit auro,
luteo plantas cohibente socco;
et manu, clauam modo qua gerebat,
fila deduxit properante fuso.
　　　Vidit Persis ditique ferax　　　325
　　　Lydia harena
deiecta feri terga leonis
umerisque, quibus sederat alti
　　　regia caeli,
tenuem Tyrio stamine pallam.
　　　Sacer est ignis (credite laesis)　　　330
　　　nimiumque potens:
qua terra salo cingitur alto
quaque per ipsum candida mundum
　　　sidera currunt,
hac regna tenet puer immitis,
spicula cuius sentit in imis　　　335

caerulus undis grex Nereidum
flammamque nequit releuare mari.
Ignes sentit genus aligerum;
Venere instinctus suscipit audax
grege pro toto bella iuuencus;   340
si coniugio timuere suo,
poscunt timidi proelia cerui
et mugitu dant concepti
    signa furoris;
tunc uulnificos acuit dentes
aper et toto est spumeus ore: 345
tunc silua gemit murmure saeuo.
Poeni quatiunt colla leones,
    cum mouit amor;
tunc uirgatas India tigres
    decolor horret.   350
amat insani belua ponti
Lucaeque boues: uindicat omnes
natura sibi, nihil immune est,
odiumque perit, cum iussit amor;
ueteres cedunt ignibus irae.   355
quid plura canam? uincit saeuas
    cura nouercas.
    Altrix, profare quid feras; quonam in loco est
regina? saeuis ecquis est flammis modus?
    Nvtrix Spes nulla tantum posse leniri
malum,   360
finisque flammis nullus insanis erit.
torretur aestu tacito et inclusus quoque,
quamuis tegatur, proditur uultu furor;
erumpit oculis ignis et lassae genae
lucem recusant; nil idem dubiae placet,   365
artusque uarie iactat incertus dolor:
nunc ut soluto labitur marcens gradu
et uix labante sustinet collo caput,
nunc se quieti reddit et, somni immemor,
noctem querelis ducit; attolli iubet   370
iterumque poni corpus et solui comas
rursusque fingi: semper impatiens sui

mutatur habitus. nulla iam Cereris subit
cura aut salutis; uadit incerto pede,
iam uiribus defecta: non idem uigor, 375
non ora tinguens nitida purpureus rubor;
[populatur artus cura, iam gressus tremunt,
tenerque nitidi corporis cecidit decor.]
et qui ferebant signa Phoebeae facis
oculi nihil gentile nec patrium micant. 380
lacrimae cadunt per ora et assiduo genae
rore irrigantur, qualiter Tauri iugis
tepido madescunt imbre percussae niues.
  Sed en, patescunt regiae fastigia:
reclinis ipsa sedis auratae toro 385
solitos amictus mente non sana abnuit.
  Phaedra Remouete, famulae, purpura atque auro inlitas
uestes, procul sit muricis Tyrii rubor,
quae fila ramis ultimi Seres legunt:
breuis expeditos zona constringat sinus, 390
ceruix monili uacua, nec niueus lapis
deducat auris, Indici donum maris;
odore crinis sparsus Assyrio uacet.
sic temere iactae colla perfundant comae
umerosque summos, cursibus motae citis 395
uentos sequantur. laeua se pharetrae dabit,
hastile uibret dextra Thessalicum manus:
[talis seueri mater Hippolyti fuit.]
qualis relictis frigidi Ponti plagis
egit cateruas Atticum pulsans solum 400
Tanaitis aut Maeotis et nodo comas
coegit emisitque, lunata latus
protecta pelta, talis in siluas ferar.
Cho. Sepone questus: non leuat miseros dolor;
agreste placa uirginis numen deae. 405
Nvt. Regina nemorum, sola quae montes colis
et una solis montibus coleris dea,
conuerte tristes ominum in melius minas.
o magna siluas inter et lucos dea,
clarumque caeli sidus et noctis decus, 410
cuius relucet mundus alterna uice,

Hecate triformis, en ades coeptis fauens.
animum rigentem tristis Hippolyti doma:
det facilis aures; mitiga pectus ferum:
amare discat, mutuos ignes ferat. 415
innecte mentem: toruus auersus ferox
in iura Veneris redeat. huc uires tuas
intende: sic te lucidi uultus ferant
et nube rupta cornibus puris eas,
sic te regentem frena nocturni aetheris 420
detrahere numquam Thessali cantus queant
nullusque de te gloriam pastor ferat.
    Ades inuocata, iam faue uotis, dea:
ipsum intuor sollemne uenerantem sacrum
nullo latus comitante--quid dubitas? dedit 425
tempus locumque casus: utendum artibus.
trepidamus? haud est facile mandatum scelus
audere, uerum iusta qui reges timet
deponat, omne pellat ex animo decus:
malus est minister regii imperii pudor. 430
    Hippolytvs Quid huc seniles fessa moliris gradus,
o fida nutrix, turbidam frontem gerens
et maesta uultu? sospes est certe parens
sospesque Phaedra stirpis et geminae iugum?
Nvt. Metus remitte, prospero regnum in statu est 435
domusque florens sorte felici uiget.
sed tu beatis mitior rebus ueni:
namque anxiam me cura sollicitat tui,
quod te ipse poenis grauibus infestus domas.
quem fata cogunt, ille cum uenia est miser; 440
at si quis ultro se malis offert uolens
seque ipse torquet, perdere est dignus bona
quis nescit uti. potius annorum memor
mentem relaxa: noctibus festis facem
attolle, curas Bacchus exoneret graues; 445
aetate fruere: mobili cursu fugit.
nunc facile pectus, grata nunc iuueni Venus:
exultet animus. cur toro uiduo iaces?
tristem iuuentam solue; nunc cursus rape,
effunde habenas, optimos uitae dies 450

effluere prohibe. propria descripsit deus
officia et aeuum per suos ducit gradus:
laetitia iuuenem, frons decet tristis senem.
Quid te coerces et necas rectam indolem?
seges illa magnum fenus agricolae dabit 455
quaecumque laetis tenera luxuriat satis,
arborque celso uertice euincet nemus
quam non maligna caedit aut resecat manus:
ingenia melius recta se in laudes ferunt,
si nobilem animum uegeta libertas alit. 460
truculentus et siluester ac uitae inscius
tristem iuuentam Venere deserta coles?
hoc esse munus credis indictum uiris,
ut dura tolerent, cursibus domitent equos
et saeua bella Marte sanguineo gerant? 465
  Prouidit ille maximus mundi parens,
cum tam rapaces cerneret Fati manus,
ut damna semper subole repararet noua.
excedat agedum rebus humanis Venus,
quae supplet ac restituit exhaustum genus: 470
orbis iacebit squalido turpis situ,
uacuum sine ullis piscibus stabit mare,
alesque caelo derit et siluis fera,
solis et aer peruius uentis erit.
quam uaria leti genera mortalem trahunt 475
carpuntque turbam, pontus et ferrum et doli!
sed fata credas desse: sic atram Styga
iam petimus ultro. caelibem uitam probet
sterilis iuuentus: hoc erit, quidquid uides,
unius aeui turba et in semet ruet. 480
proinde uitae sequere naturam ducem:
urbem frequenta, ciuium coetus cole.
Hi. Non alia magis est libera et uitio carens
ritusque melius uita quae priscos colat,
quam quae relictis moenibus siluas amat. 485
non illum auarae mentis inflammat furor
qui se dicauit montium insontem iugis,
non aura populi et uulgus infidum bonis,
non pestilens inuidia, non fragilis fauor;

non ille regno seruit aut regno imminens   490
uanos honores sequitur aut fluxas opes,
spei metusque liber, haud illum niger
edaxque liuor dente degeneri petit;
nec scelera populos inter atque urbes sata
nouit nec omnes conscius strepitus pauet   495
aut uerba fingit; mille non quaerit tegi
diues columnis nec trabes multo insolens
suffigit auro; non cruor largus pias
inundat aras, fruge nec sparsi sacra
centena niuei colla summittunt boues: 500
sed rure uacuo potitur et aperto aethere
innocuus errat. callidas tantum feris
struxisse fraudes nouit et fessus graui
labore niueo corpus Iliso fouet;
nunc ille ripam celeris Alphei legit,   505
nunc nemoris alti densa metatur loca,
ubi Lerna puro gelida perlucet uado,
solesque uitat. hinc aues querulae fremunt
ramique uentis lene percussi tremunt
ueteresque fagi. iuuat <et> aut amnis uagi   510
pressisse ripas, caespite aut nudo leues
duxisse somnos, siue fons largus citas
defundit undas, siue per flores nouos
fugiente dulcis murmurat riuo sonus.
excussa siluis poma compescunt famem   515
et fraga paruis uulsa dumetis cibos
faciles ministrant. regios luxus procul
est impetus fugisse: sollicito bibunt
auro superbi; quam iuuat nuda manu
captasse fontem! certior somnus premit   520
secura duro membra laxantem toro.
non in recessu furta et obscuro improbus
quaerit cubili seque multiplici timens
domo recondit: aethera ac lucem petit
et teste caelo uiuit. Hoc equidem reor   525
uixisse ritu prima quos mixtos deis
profudit aetas. nullus his auri fuit
caecus cupido, nullus in campo sacer

diuisit agros arbiter populis lapis;
nondum secabant credulae pontum rates:　　　530
sua quisque norat maria; non uasto aggere
crebraque turre cinxerant urbes latus;
non arma saeua miles aptabat manu
nec torta clausas fregerat saxo graui
ballista portas, iussa nec dominum pati　　　535
iuncto ferebat terra seruitium boue:
sed arua per se feta poscentes nihil
pauere gentes, silua natiuas opes
et opaca dederant antra natiuas domos.
　　　Rupere foedus impius lucri furor　　　540
et ira praeceps quaeque succensas agit
libido mentes; uenit imperii sitis
cruenta, factus praeda maiori minor:
pro iure uires esse. tum primum manu
bellare nuda saxaque et ramos rudes　　　545
uertere in arma: non erat gracili leuis
armata ferro cornus aut longo latus
mucrone cingens ensis aut crista procul
galeae micantes: tela faciebat dolor.
inuenit artes bellicus Mauors nouas　　　550
et mille formas mortis. hinc terras cruor
infecit omnis fusus et rubuit mare.
tum scelera dempto fine per cunctas domos
iere, nullum caruit exemplo nefas:
a fratre frater, dextera gnati parens　　　555
cecidit, maritus coniugis ferro iacet
perimuntque fetus impiae matres suos;
taceo nouercas: mitius nil est feris.
　　　Sed dux malorum femina: haec scelerum artifex
obsedit animos, huius incestae stupris　　　560
fumant tot urbes, bella tot gentes gerunt
et uersa ab imo regna tot populos premunt.
sileantur aliae: sola coniunx Aegei,
Medea, reddet feminas dirum genus.
Nvt. Cur omnium fit culpa paucarum scelus?　　　565
Hi. Detestor omnis, horreo fugio execror.
sit ratio, sit natura, sit dirus furor:

odisse placuit. ignibus iunges aquas
et amica ratibus ante promittet uada
incerta Syrtis, ante ab extremo sinu   570
Hesperia Tethys lucidum attollet diem
et ora dammis blanda praebebunt lupi,
quam uictus animum feminae mitem geram.
Nvt. Saepe obstinatis induit frenos Amor
et odia mutat. regna materna aspice: 575
illae feroces sentiunt Veneris iugum;
testaris istud unicus gentis puer.
Hi. Solamen unum matris amissae fero,
odisse quod iam feminas omnis licet.
Nvt. Vt dura cautes undique intractabilis   580
resistit undis et lacessentes aquas
longe remittit, uerba sic spernit mea.
     Sed Phaedra praeceps graditur, impatiens morae.
quo se dabit fortuna? quo uerget furor?
terrae repente corpus exanimum accidit   585
et ora morti similis obduxit color.
attolle uultus, dimoue uocis moras:
tuus en, alumna, temet Hippolytus tenet.
     Phaedra Quis me dolori reddit atque aestus graues
reponit animo? quam bene excideram mihi!   590
Hi. Cur dulce munus redditae lucis fugis?
Ph. Aude, anime, tempta, perage mandatum tuum.
intrepida constent uerba: qui timide rogat
docet negare. magna pars sceleris mei
olim peracta est; serus est nobis pudor: 595
admouimus nefanda. si coepta exequor,
forsan iugali crimen abscondam face:
honesta quaedam scelera successus facit.
en, incipe, anime!--Commodes paulum, precor,
secretus aures. si quis est abeat comes.   600
Hi. En locus ab omni liber arbitrio uacat.
Ph. Sed ora coeptis transitum uerbis negant;
uis magna uocem mittit et maior tenet.
uos testor omnis, caelites, hoc quod uolo
me nolle.   605
Hi. Animusne cupiens aliquid effari nequit?

Ph. Curae leues locuntur, ingentes stupent.
Hi. Committe curas auribus, mater, meis.
Ph. Matris superbum est nomen et nimium potens:
nostros humilius nomen affectus decet; 610
me uel sororem, Hippolyte, uel famulam uoca,
famulamque potius: omne seruitium feram.
non me per altas ire si iubeas niues
pigeat gelatis ingredi Pindi iugis;
non, si per ignes ire et infesta agmina, 615
cuncter paratis ensibus pectus dare.
mandata recipe sceptra, me famulam accipe:
[te imperia regere, me decet iussa exequi]
muliebre non est regna tutari urbium.
tu qui iuuentae flore primaeuo uiges, 620
ciues paterno fortis imperio rege;
sinu receptam supplicem ac seruam tege:
miserere uiduae. **Hi.** Summus hoc omen deus
auertat. aderit sospes actutum parens.
Ph. Regni tenacis dominus et tacitae Stygis 625
nullam relictos fecit ad superos uiam:
thalami remittet ille raptorem sui?
nisi forte amori placidus et Pluton sedet.
Hi. Illum quidem aequi caelites reducem dabunt.
sed dum tenebit uota in incerto deus, 630
pietate caros debita fratres colam,
et te merebor esse ne uiduam putes
ac tibi parentis ipse supplebo locum.
Ph. O spes amantum credula, o fallax Amor!
satisne dixi?--precibus admotis agam. 635
Miserere, pauidae mentis exaudi preces--
libet loqui pigetque. **Hi.** Quodnam istud malum est?
Ph. Quod in nouercam cadere uix credas malum.
Hi. Ambigua uoce uerba perplexa iacis:
effare aperte. **Ph.** Pectus insanum uapor 640
amorque torret. intimis saeuit ferus
[penitus medullas atque per uenas meat]
uisceribus ignis mersus et uenas latens
ut agilis altas flamma percurrit trabes.
Hi. Amore nempe Thesei casto furis? 645

Ph. Hippolyte, sic est: Thesei uultus amo
illos priores, quos tulit quondam puer,
cum prima puras barba signaret genas
monstrique caecam Gnosii uidit domum
et longa curua fila collegit uia. 650
quis tum ille fulsit! presserant uittae comam
et ora flauus tenera tinguebat pudor;
inerant lacertis mollibus fortes tori,
tuaeque Phoebes uultus aut Phoebi mei,
tuusue potius--talis, en talis fuit 655
cum placuit hosti, sic tulit celsum caput.
in te magis refulget incomptus decor:
est genitor in te totus et toruae tamen
pars aliqua matris miscet ex aequo decus:
in ore Graio Scythicus apparet rigor. 660
si cum parente Creticum intrasses fretum,
tibi fila potius nostra neuisset soror.
Te te, soror, quacumque siderei poli
in parte fulges, inuoco ad causam parem:
domus sorores una corripuit duas, 665
te genitor, at me gnatus.--en supplex iacet
adlapsa genibus regiae proles domus.
respersa nulla labe et intacta, innocens
tibi mutor uni. certa descendi ad preces:
finem hic dolori faciet aut uitae dies. 670
miserere amantis.--**Hi.** Magne regnator deum,
tam lentus audis scelera? tam lentus uides?
et quando saeua fulmen emittes manu,
si nunc serenum est? omnis impulsus ruat
aether et atris nubibus condat diem, 675
ac uersa retro sidera obliquos agant
retorta cursus. tuque, sidereum caput,
radiate Titan, tu nefas stirpis tuae
speculare? lucem merge et in tenebras fuge.
cur dextra, diuum rector atque hominum, uacat 680
tua, nec trisulca mundus ardescit face?
in me tona, me fige, me uelox cremet
transactus ignis: sum nocens, merui mori:
placui nouercae. dignus en stupris ego?

scelerique tanto uisus ego solus tibi 685
materia facilis? hoc meus meruit rigor?
o scelere uincens omne femineum genus,
o maius ausa matre monstrifera malum
genetrice peior! illa se tantum stupro
contaminauit, et tamen tacitum diu 690
crimen biformi partus exhibuit nota,
scelusque matris arguit uultu truci
ambiguus infans--ille te uenter tulit.
o ter quaterque prospero fato dati
quos hausit et peremit et leto dedit 695
odium dolusque--genitor, inuideo tibi:
Colchide nouerca maius hoc, maius malum est.
Ph. Et ipsa nostrae fata cognosco domus:
fugienda petimus; sed mei non sum potens.
te uel per ignes, per mare insanum sequar 700
rupesque et amnes, unda quos torrens rapit;
quacumque gressus tuleris hac amens agar--
iterum, superbe, genibus aduoluor tuis.
Hi. Procul impudicos corpore a casto amoue
tactus--quid hoc est? etiam in amplexus ruit? 705
stringatur ensis, merita supplicia exigat.
en impudicum crine contorto caput
laeua reflexi: iustior numquam focis
datus tuis est sanguis, arquitenens dea.
Ph. Hippolyte, nunc me compotem uoti facis; 710
sanas furentem. maius hoc uoto meo est,
saluo ut pudore manibus immoriar tuis.
Hi. Abscede, uiue, ne quid exores, et hic
contactus ensis deserat castum latus.
quis eluet me Tanais aut quae barbaris 715
Maeotis undis Pontico incumbens mari?
non ipse toto magnus Oceano pater
tantum expiarit sceleris. o siluae, o ferae!
Nvt. Deprensa culpa est. anime, quid segnis stupes?
regeramus ipsi crimen atque ultro impiam 720
Venerem arguamus: scelere uelandum est scelus;
tutissimum est inferre, cum timeas, gradum.
ausae priores simus an passae nefas,

secreta cum sit culpa, quis testis sciet?
     Adeste, Athenae! fida famulorum manus,   725
fer opem! nefandi raptor Hippolytus stupri
instat premitque, mortis intentat metum,
ferro pudicam terret--en praeceps abit
ensemque trepida liquit attonitus fuga.
pignus tenemus sceleris. hanc maestam prius   730
recreate. crinis tractus et lacerae comae
ut sunt remaneant, facinoris tanti notae.
perferte in urbem!--Recipe iam sensus, era.
quid te ipsa lacerans omnium aspectus fugis?
mens impudicam facere, non casus, solet.   735
  Chorvs Fugit insanae similis procellae,
ocior nubes glomerante Coro,
ocior cursum rapiente flamma,
stella cum uentis agitata longos
     porrigit ignes.   740
Conferat tecum decus omne priscum
fama miratrix senioris aeui:
pulcrior tanto tua forma lucet,
clarior quanto micat orbe pleno
cum suos ignes coeunte cornu   745
iunxit et curru properante pernox
exerit uultus rubicunda Phoebe
nec tenent stellae faciem minores;
talis est, primas referens tenebras,
nuntius noctis, modo lotus undis   750
Hesperus, pulsis iterum tenebris
     Lucifer idem.
Et tu, thyrsigera Liber ab India,
intonsa iuuenis perpetuum coma,
tigres pampinea cuspide temperans   755
ac mitra cohibens cornigerum caput,
non uinces rigidas Hippolyti comas.
ne uultus nimium suspicias tuos:
omnis per populos fabula distulit,
Phaedrae quem Bromio praetulerit soror.   760
     Anceps forma bonum mortalibus,
exigui donum breue temporis,

ut uelox celeri pede laberis!
non sic prata nouo uere decentia
aestatis calidae despoliat uapor 765
(saeuit solstitio cum medius dies
et noctes breuibus praecipitat rotis),
languescunt folio lilia pallido
et gratae capiti deficiunt rosae,
ut fulgor teneris qui radiat genis 770
momento rapitur nullaque non dies
formosi spolium corporis abstulit.
res est forma fugax: quis sapiens bono
confidat fragili? dum licet, utere.
tempus te tacitum subruit, horaque 775
semper praeterita deterior subit.
    Quid deserta petis? tutior auiis
non est forma locis: te nemore abdito,
cum Titan medium constituit diem,
cingent, turba licens, Naides improbae, 780
formosos solitae claudere fontibus,
et somnis facient insidias tuis
    lasciuae nemorum deae
    montiuagiue Panes.
Aut te stellifero despiciens polo 785
sidus post ueteres Arcadas editum
currus non poterit flectere candidos.
en nuper rubuit, nullaque lucidis
nubes sordidior uultibus obstitit;
at nos solliciti numine turbido, 790
tractam Thessalicis carminibus rati,
tinnitus dedimus: tu fueras labor
et tu causa morae, te dea noctium
dum spectat celeres sustinuit uias.
    Vexent hanc faciem frigora parcius, 795
haec solem facies rarius appetat:
lucebit Pario marmore clarius.
quam grata est facies torua uiriliter
et pondus ueteris triste supercili!
Phoebo colla licet splendida compares: 800
illum caesaries nescia colligi

perfundens umeros ornat et integit;
te frons hirta decet, te breuior coma
nulla lege iacens; tu licet asperos
pugnacesque deos uiribus audeas 805
et uasti spatio uincere corporis:
aequas Herculeos nam iuuenis toros,
Martis belligeri pectore latior.
si dorso libeat cornipedis uehi,
frenis Castorea mobilior manu 810
Spartanum poteris flectere Cyllaron.
Ammentum digitis tende prioribus
et totis iaculum derige uiribus:
tam longe, dociles spicula figere,
non mittent gracilem Cretes harundinem. 815
aut si tela modo spargere Parthico
in caelum placeat, nulla sine alite
descendent, tepido uiscere condita
praedam de mediis nubibus afferent.
    Raris forma uiris (saecula perspice) 820
impunita fuit. te melior deus
tutum praetereat formaque nobilis
deformis senii monstret imaginem.
    Quid sinat inausum feminae praeceps furor?
nefanda iuueni crimina insonti apparat. 825
en scelera! quaerit crine lacerato fidem,
decus omne turbat capitis, umectat genas:
instruitur omni fraude feminea dolus.
    Sed iste quisnam est regium in uultu decus
gerens et alto uertice attollens caput? 830
ut ora iuueni paria Pittheo gerit,
ni languido pallore canderent genae
staretque recta squalor incultus coma!
en ipse Theseus redditus terris adest.
    Thesevs Tandem profugi noctis aeternae plagam 835
uastoque manes carcere umbrantem polum,
et uix cupitum sufferunt oculi diem.
iam quarta Eleusin dona Triptolemi secat
paremque totiens libra composuit diem,
ambiguus ut me sortis ignotae labor 840

detinuit inter mortis et uitae mala.
pars una uitae mansit extincto mihi,
sensus malorum; finis Alcides fuit,
qui cum reuulsum Tartaro abstraheret canem,
me quoque supernas pariter ad sedes tulit.   845
sed fessa uirtus robore antiquo caret
trepidantque gressus. heu, labor quantus fuit
Phlegethonte ab imo petere longinquum aethera
pariterque mortem fugere et Alciden sequi.
  Quis fremitus aures flebilis pepulit meas?   850
expromat aliquis. luctus et lacrimae et dolor,
in limine ipso maesta lamentatio?
hospitia digna prorsus inferno hospite.
  Nvtrix Tenet obstinatum Phaedra consilium necis
fletusque nostros spernit ac morti imminet.   855
Th. Quae causa leti? reduce cur moritur uiro?
Nvt. Haec ipsa letum causa maturum attulit.
Th. Perplexa magnum uerba nescioquid tegunt.
effare aperte, quis grauet mentem dolor.
Nvt. Haut pandit ulli; maesta secretum occulit   860
statuitque secum ferre quo moritur malum.
iam perge, quaeso, perge: properato est opus.
Th. Reserate clausos regii postes laris.
  O socia thalami, sicine aduentum uiri
et expetiti coniugis uultum excipis?   865
quin ense uiduas dexteram atque animum mihi
restituis et te quidquid e uita fugat
expromis? **Ph.** Eheu, per tui sceptrum imperi,
magnanime Theseu, perque natorum indolem
tuosque reditus perque iam cineres meos,   870
permitte mortem. **Th.** Causa quae cogit mori?
Ph. Si causa leti dicitur, fructus perit.
Th. Nemo istud alius, me quidem excepto, audiet.
Ph. Aures pudica coniugis solas timet.
Th. Effare: fido pectore arcana occulam.   875
Ph. Alium silere quod uoles, primus sile.
Th. Leti facultas nulla continget tibi.
Ph. Mori uolenti desse mors numquam potest.
Th. Quod sit luendum morte delictum indica.

Ph. Quod uiuo. **Th.** Lacrimae nonne te nostrae
mouent?   880
Ph. Mors optima est perire lacrimandum suis.
Th. Silere pergit.--uerbere ac uinclis anus
altrixque prodet quidquid haec fari abnuit.
Vincite ferro. uerberum uis extrahat
secreta mentis. **Ph.** Ipsa iam fabor, mane.   885
Th. Quidnam ora maesta auertis et lacrimas genis
subito coortas ueste praetenta optegis?
Ph. Te te, creator caelitum, testem inuoco,
et te, coruscum lucis aetheriae iubar,
ex cuius ortu nostra dependet domus: 890
temptata precibus restiti; ferro ac minis
non cessit animus: uim tamen corpus tulit.
labem hanc pudoris eluet noster cruor.
Th. Quis, ede, nostri decoris euersor fuit?
Ph. Quem rere minime. **Th.** Quis sit audire expeto.   895
Ph. Hic dicet ensis, quem tumultu territus
liquit stuprator ciuium accursum timens.
Th. Quod facinus, heu me, cerno? quod monstrum intuor?
regale patriis asperum signis ebur
capulo refulget, gentis Actaeae decus.   900
sed ipse quonam euasit? **Ph.** Hi trepidum fuga
uidere famuli concitum celeri pede.
Th. Pro sancta Pietas, pro gubernator poli
et qui secundum fluctibus regnum moues,
unde ista uenit generis infandi lues?   905
hunc Graia tellus aluit an Taurus Scythes
Colchusque Phasis? redit ad auctores genus
stirpemque primam degener sanguis refert.
est prorsus iste gentis armiferae furor,
odisse Veneris foedera et castum diu   910
uulgare populis corpus. o taetrum genus
nullaque uictum lege melioris soli!
ferae quoque ipsae Veneris euitant nefas,
generisque leges inscius seruat pudor.
        Vbi uultus ille et ficta maiestas uiri   915
atque habitus horrens, prisca et antiqua appetens,
morumque senium triste et affectus graues?

o uita fallax, abditos sensus geris
animisque pulcram turpibus faciem induis:
pudor impudentem celat, audacem quies, 920
pietas nefandum; uera fallaces probant
simulantque molles dura. siluarum incola
ille efferatus castus intactus rudis,
mihi te reseruas? a meo primum toro
et scelere tanto placuit ordiri uirum? 925
iam iam superno numini grates ago,
quod icta nostra cecidit Antiope manu,
quod non ad antra Stygia descendens tibi
matrem reliqui. Profugus ignotas procul
percurre gentes: te licet terra ultimo 930
summota mundo dirimat Oceani plagis
orbemque nostris pedibus obuersum colas,
licet in recessu penitus extremo abditus
horrifera celsi regna transieris poli
hiemesque supra positus et canas niues 935
gelidi frementes liqueris Boreae minas
post te furentes, sceleribus poenas dabis.
profugum per omnis pertinax latebras premam:
longinqua clausa abstrusa diuersa inuia
emetiemur, nullus obstabit locus: 940
scis unde redeam. tela quo mitti haud queunt,
huc uota mittam: genitor aequoreus dedit
ut uota prono terna concipiam deo,
et inuocata munus hoc sanxit Styge.

    En perage donum triste, regnator freti! 945
non cernat ultra lucidum Hippolytus diem
adeatque manes iuuenis iratos patri.
fer abominandam nunc opem gnato, parens:
numquam supremum numinis munus tui
consumeremus, magna ni premerent mala; 950
inter profunda Tartara et Ditem horridum
et imminentes regis inferni minas,
uoto peperci: redde nunc pactam fidem.--
genitor, moraris? cur adhuc undae silent?
nunc atra uentis nubila impellentibus 955
subtexe noctem, sidera et caelum eripe,

effunde pontum, uulgus aequoreum cie
fluctusque ab ipso tumidus Oceano uoca.
    Chorvs O magna parens, Natura, deum
tuque igniferi rector Olympi,   960
qui sparsa cito sidera mundo
cursusque uagos rapis astrorum
celerique polos cardine uersas,
cur tanta tibi cura perennes
agitare uices aetheris alti,   965
ut nunc canae frigora brumae
      nudent siluas,
nunc arbustis redeant umbrae,
nunc aestiui colla leonis
Cererem magno feruore coquant   970
uiresque suas temperet annus?
sed cur idem qui tanta regis,
sub quo uasti pondera mundi
librata suos ducunt orbes,
hominum nimium securus abes,   975
non sollicitus prodesse bonis,
      nocuisse malis?
    Res humanas ordine nullo
Fortuna regit sparsitque manu
munera caeca peiora fouens: 980
uincit sanctos dira libido,
fraus sublimi regnat in aula;
tradere turpi fasces populus
gaudet, eosdem colit atque odit.
tristis uirtus peruersa tulit   985
      praemia recti:
castos sequitur mala paupertas
uitioque potens regnat adulter--
o uane pudor falsumque decus!
    Sed quid citato nuntius portat gradu
rigatque maestis lugubrem uultum genis?   990
    Nvntivs O sors acerba et dura, famulatus grauis,
cur me ad nefandi nuntium casus uocas?
Th. Ne metue cladis fortiter fari asperas:
non imparatum pectus aerumnis gero.

Nvn. Vocem dolori lingua luctificam negat. 995
Th. Proloquere, quae sors aggrauet quassam domum.
Nvn. Hippolytus, heu me, flebili leto occubat.
Th. Gnatum parens obisse iam pridem scio:
nunc raptor obiit. mortis effare ordinem.
Nvn. Vt profugus urbem liquit infesto gradu 1000
celerem citatis passibus cursum explicans,
celso sonipedes ocius subigit iugo
et ora frenis domita substrictis ligat.
tum multa secum effatus et patrium solum
abominatus saepe genitorem ciet 1005
acerque habenis lora permissis quatit:
cum subito uastum tonuit ex alto mare
creuitque in astra. nullus inspirat salo
uentus, quieti nulla pars caeli strepit
placidumque pelagus propria tempestas agit. 1010
non tantus Auster Sicula disturbat freta
nec tam furens Ionius exsurgit sinus
regnante Coro, saxa cum fluctu tremunt
et cana summum spuma Leucaten ferit.
consurgit ingens pontus in uastum aggerem, 1015
[tumidumque monstro pelagus in terras ruit]
nec ista ratibus tanta construitur lues:
terris minatur; fluctus haud cursu leui
prouoluitur; nescioquid onerato sinu
grauis unda portat. quae nouum tellus caput 1020
ostendet astris? Cyclas exoritur noua?
latuere rupes numine Epidauri dei
et scelere petrae nobiles Scironides
et quae duobus terra comprimitur fretis.
Haec dum stupentes sequimur, en totum mare 1025
immugit, omnes undique scopuli adstrepunt;
summum cacumen rorat expulso sale,
spumat uomitque uicibus alternis aquas
qualis per alta uehitur Oceani freta
fluctum refundens ore physeter capax. 1030
inhorruit concussus undarum globus
soluitque sese et litori inuexit malum
maius timore, pontus in terras ruit

suumque monstrum sequitur--os quassat tremor.
    Quis habitus ille corporis uasti fuit!   1035
caerulea taurus colla sublimis gerens
erexit altam fronte uiridanti iubam;
stant hispidae aures, orbibus uarius color,
et quem feri dominator habuisset gregis
et quem sub undis natus: hinc flammam uomunt   1040
oculi, hinc relucent caerula insignes nota;
opima ceruix arduos tollit toros
naresque hiulcis haustibus patulae fremunt;
musco tenaci pectus ac palear uiret,
longum rubenti spargitur fuco latus;   1045
tum pone tergus ultima in monstrum coit
facies et ingens belua immensam trahit
squamosa partem. talis extremo mari
pistrix citatas sorbet aut frangit rates.
    Tremuere terrae, fugit attonitum pecus   1050
passim per agros, nec suos pastor sequi
meminit iuuencos; omnis e saltu fera
diffugit, omnis frigido exsanguis metu
uenator horret. solus immunis metu
Hippolytus artis continet frenis equos   1055
pauidosque notae uocis hortatu ciet.
Est alta ad Argos collibus ruptis uia,
uicina tangens spatia suppositi maris;
hic se illa moles acuit atque iras parat.
ut cepit animos seque praetemptans satis   1060
prolusit irae, praepeti cursu euolat,
summam citato uix gradu tangens humum,
et torua currus ante trepidantis stetit.
contra feroci gnatus insurgens minax
uultu nec ora mutat et magnum intonat: 1065
'haud frangit animum uanus hic terror meum:
nam mihi paternus uincere est tauros labor.'
    Inobsequentes protinus frenis equi
rapuere cursum iamque derrantes uia,
quacumque rabidos pauidus euexit furor,   1070
hac ire pergunt seque per scopulos agunt.

at ille, qualis turbido rector mari
ratem retentat, ne det obliquum latus,
et arte fluctum fallit, haud aliter citos
currus gubernat: ora nunc pressis trahit　　　　1075
constricta frenis, terga nunc torto frequens
uerbere coercet. sequitur adsiduus comes,
nunc aequa carpens spatia, nunc contra obuius
oberrat, omni parte terrorem mouens.
non licuit ultra fugere: nam toto obuius　　　　1080
incurrit ore corniger ponti horridus.
tum uero pauida sonipedes mente exciti
imperia soluunt seque luctantur iugo
eripere rectique in pedes iactant onus.
　　　Praeceps in ora fusus implicuit cadens　　　　1085
laqueo tenaci corpus et quanto magis
pugnat, sequaces hoc magis nodos ligat.
sensere pecudes facinus--et curru leui,
dominante nullo, qua timor iussit ruunt.
talis per auras non suum agnoscens onus　　　　1090
Solique falso creditum indignans diem
Phaethonta currus deuium excussit polo.
Late cruentat arua et inlisum caput
scopulis resultat; auferunt dumi comas,
et ora durus pulcra populatur lapis　　　　1095
peritque multo uulnere infelix decor.
moribunda celeres membra peruoluunt rotae;
tandemque raptum truncus ambusta sude
medium per inguen stipite ingesto tenet;
[paulumque domino currus affixo stetit]　　　　1100
haesere biiuges uulnere--et pariter moram
dominumque rumpunt. inde semianimem secant
uirgulta, acutis asperi uepres rubis
omnisque ruscus corporis partem tulit.
　　　Errant per agros funebris famuli manus,　　　　1105
per illa qua distractus Hippolytus loca
longum cruenta tramitem signat nota,
maestaeque domini membra uestigant canes.
necdum dolentum sedulus potuit labor
explere corpus--hocine est formae decus?　　　　1110

qui modo paterni clarus imperii comes
et certus heres siderum fulsit modo,
passim ad supremos ille colligitur rogos
et funeri confertur. **Th.** O nimium potens
quanto parentes sanguinis uinclo tenes 1115
natura! quam te colimus inuiti quoque!
occidere uolui noxium, amissum fleo.
Nvn. Haud flere honeste quisque quod uoluit potest.
Th. Equidem malorum maximum hunc cumulum reor,
si abominanda casus optanda efficit. 1120
Nvn. Et si odia seruas, cur madent fletu genae?
Th. Quod interemi, non quod amisi, fleo.

    Chorvs Quanti casus, heu, magna rotant!
minor in paruis Fortuna furit
leuiusque ferit leuiora deus; 1125
seruat placidos obscura quies
praebetque senes casa securos.
    Admota aetheriis culmina sedibus
Euros excipiunt, excipiunt Notos,
    insani Boreae minas 1130
    imbriferumque Corum.
    Raros patitur fulminis ictus
    umida uallis:
tremuit telo Iouis altisoni
Caucasus ingens Phrygiumque nemus 1135
matris Cybeles: metuens caelo
Iuppiter alto uicina petit;
non capit umquam magnos motus
humilis tecti plebeia domus.
    [circa regna tonat] 1140
    Volat ambiguis mobilis alis
hora, nec ulli praestat uelox
    Fortuna fidem:
hic qui clari sidera mundi
nitidumque diem * * * morte relicta 1145
luget maestos tristis reditus
ipsoque magis flebile Auerno
sedis patriae uidet hospitium.
    Pallas Actaeae ueneranda genti,

quod tuus caelum superosque Theseus 1150
spectat et fugit Stygias paludes,
casta nil debes patruo rapaci:
constat inferno numerus tyranno.
    Quae uox ab altis flebilis tectis sonat
strictoque uecors Phaedra quid ferro parat? 1155
    Thesevs Quis te dolore percitam instigat furor?
quid ensis iste quidue uociferatio
planctusque supra corpus inuisum uolunt?
    Phaedra Me me, profundi saeue dominator freti,
inuade et in me monstra caerulei maris 1160
emitte, quidquid intimo Tethys sinu
extrema gestat, quidquid Oceanus uagis
complexus undis ultimo fluctu tegit.
O dure Theseu semper, o numquam tuis
tuto reuerse: gnatus et genitor nece 1165
reditus tuos luere; peruertis domum
amore semper coniugum aut odio nocens.
    Hippolyte, tales intuor uultus tuos
talesque feci? membra quis saeuus Sinis
aut quis Procrustes sparsit aut quis Cresius, 1170
Daedalea uasto claustra mugitu replens,
taurus biformis ore cornigero ferox
diuulsit? heu me, quo tuus fugit decor
oculique nostrum sidus? exanimis iaces?
ades parumper uerbaque exaudi mea. 1175
nil turpe loquimur: hac manu poenas tibi
soluam et nefando pectori ferrum inseram,
animaque Phaedram pariter ac scelere exuam.
[et te per undas perque Tartareos lacus,
per Styga, per amnes igneos amens sequar] 1180
placemus umbras: capitis exuuias cape
laceraeque frontis accipe abscisam comam.
non licuit animos iungere, at certe licet
iunxisse fata. morere, si casta es, uiro;
si incesta, amori. coniugis thalamos petam 1185
tanto impiatos facinore? hoc derat nefas,
ut uindicato sancta fruereris toro.
o mors amoris una sedamen mali,

o mors pudoris maximum laesi decus,
confugimus ad te: pande placatos sinus.   1190
     Audite, Athenae, tuque, funesta pater
peior nouerca: falsa memoraui et nefas,
quod ipsa demens pectore insano hauseram,
mentita finxi. uana punisti pater,
iuuenisque castus crimine incesto iacet,   1195
pudicus, insons--recipe iam mores tuos.
mucrone pectus impium iusto patet
cruorque sancto soluit inferias uiro.
Th. Quid facere rapto debeas gnato parens,
disce a nouerca: condere Acherontis plagis.   1200
Pallidi fauces Auerni uosque, Taenarii specus,
unda miseris grata Lethes uosque, torpentes lacus,
impium rapite atque mersum premite perpetuis malis.
nunc adeste, saeua ponti monstra, nunc uasti maris,
ultimo quodcumque Proteus aequorum abscondit sinu,   1205
meque ouantem scelere tanto rapite in altos gurgites.
Tuque semper, genitor, irae facilis assensor meae:
morte facili dignus haud sum qui noua natum nece
segregem sparsi per agros quique, dum falsum nefas
exsequor uindex seuerus, incidi in uerum scelus.   1210
sidera et manes et undas scelere compleui meo:
amplius sors nulla restat; regna me norunt tria.
     In hoc redimus? patuit ad caelum uia,
bina ut uiderem funera et geminam necem,
caelebs et orbus funebres una face   1215
ut concremarem prolis ac thalami rogos?
donator atrae lucis, Alcide, tuum
Diti remitte munus; ereptos mihi
restitue manes.--impius frustra inuoco
mortem relictam: crudus et leti artifex,   1220
exitia machinatus insolita effera,
nunc tibimet ipse iusta supplicia irroga.
pinus coacto uertice attingens humum
caelo remissum findat in geminas trabes,
mittarue praeceps saxa per Scironia?   1225
grauiora uidi, quae pati clausos iubet
Phlegethon nocentes igneo cingens uado.

quae poena memet maneat et sedes, scio:
umbrae nocentes, cedite et ceruicibus
his, his repositum degrauet fessas manus   1230
saxum, seni perennis Aeolio labor;
me ludat amnis ora uicina alluens;
uultur relicto transuolet Tityo ferus
meumque poenae semper accrescat iecur;
et tu mei requiesce Pirithoi pater: 1235
haec incitatis membra turbinibus ferat
nusquam resistens orbe reuoluto rota.
Dehisce tellus, recipe me dirum chaos,
recipe, haec ad umbras iustior nobis uia est:
gnatum sequor--ne metue qui manes regis: 1240
casti uenimus; recipe me aeterna domo
non exiturum.--non mouent diuos preces;
at, si rogarem scelera, quam proni forent!
Cho. Theseu, querelis tempus aeternum manet:
nunc iusta nato solue et absconde ocius   1245
dispersa foede membra laniatu effero.
Th. Huc, huc, reliquias uehite cari corporis
pondusque et artus temere congestos date.
Hippolytus hic est? crimen agnosco meum:
ego te peremi; neu nocens tantum semel   1250
solusue fierem, facinus ausurus parens
patrem aduocaui. munere en patrio fruor.
o triste fractis orbitas annis malum!
complectere artus, quodque de nato est super,
miserande, maesto pectore incumbens, foue.   1255
     Disiecta, genitor, membra laceri corporis
in ordinem dispone et errantes loco
restitue partes: fortis hic dextrae locus,
hic laeua frenis docta moderandis manus
ponenda: laeui lateris agnosco notas.   1260
quam magna lacrimis pars adhuc nostris abest!
durate trepidae lugubri officio manus,
fletusque largos sistite, arentes genae,
dum membra nato genitor adnumerat suo
corpusque fingit. hoc quid est forma carens   1265
et turpe, multo uulnere abruptum undique?

quae pars tui sit dubito; sed pars est tui:
hic, hic repone, non suo, at uacuo loco.
haecne illa facies igne sidereo nitens,
inimica flectens lumina? huc cecidit decor? 1270
o dira fata, numinum o saeuus fauor!
sic ad parentem natus ex uoto redit?
en haec suprema dona genitoris cape,
saepe efferendus; interim haec ignes ferant.
     Patefacite acerbam caede funesta domum; 1275
Mopsopia claris tota lamentis sonet.
uos apparate regii flammam rogi;
at uos per agros corporis partes uagas
inquirite.--istam terra defossam premat,
grauisque tellus impio capiti incubet.

OEDIPVS

Oedipvs Iam nocte Titan dubius expulsa redit
et nube maestum squalida exoritur iubar,
lumenque flamma triste luctifica gerens
prospiciet auida peste solatas domos,
stragemque quam nox fecit ostendet dies.   5
Quisquamne regno gaudet? o fallax bonum,
quantum malorum fronte quam blanda tegis!
ut alta uentos semper excipiunt iuga
rupemque saxis uasta dirimentem freta
quamuis quieti uerberat fluctus maris,   10
imperia sic excelsa Fortunae obiacent.
Quam bene parentis sceptra Polybi fugeram!
curis solutus exul, intrepidus uagans
(caelum deosque testor) in regnum incidi;
infanda timeo: ne mea genitor manu   15
perimatur; hoc me Delphicae laurus monent,
aliudque nobis maius indicunt scelus.
est maius aliquod patre mactato nefas?
pro misera pietas (eloqui fatum pudet),
thalamos parentis Phoebus et diros toros   20
gnato minatur impia incestos face.
hic me paternis expulit regnis timor,
hoc ego penates profugus excessi meos:
parum ipse fidens mihimet in tuto tua,
natura, posui iura. cum magna horreas,   25
quod posse fieri non putes metuas tamen:
cuncta expauesco meque non credo mihi.

    Iam iam aliquid in nos fata moliri parant.
nam quid rear quod ista Cadmeae lues
infesta genti strage tam late edita 30
mihi parcit uni? cui reseruamur malo?
inter ruinas urbis et semper nouis
deflenda lacrimis funera ac populi struem
incolumis asto—scilicet Phoebi reus.
sperare poteras sceleribus tantis dari 35
regnum salubre? fecimus caelum nocens.
    Non aura gelido lenis afflatu fouet
anhela flammis corda, non Zephyri leues
spirant, sed ignes auget aestiferi canis
Titan, leonis terga Nemeaei premens. 40
deseruit amnes umor atque herbas color
aretque Dirce, tenuis Ismenos fluit
et tinguit inopi nuda uix unda uada.
obscura caelo labitur Phoebi soror,
tristisque mundus nubilo pallet nouo. 45
nullum serenis noctibus sidus micat,
sed grauis et ater incubat terris uapor:
obtexit arces caelitum ac summas domos
inferna facies. denegat fructum Ceres
adulta, et altis flaua cum spicis tremat, 50
arente culmo sterilis emoritur seges.
Nec ulla pars immunis exitio uacat,
sed omnis aetas pariter et sexus ruit,
iuuenesque senibus iungit et gnatis patres
funesta pestis, una fax thalamos cremat, 55
fletuque acerbo funera et questu carent.
quin ipsa tanti peruicax clades mali
siccauit oculos, quodque in extremis solet,
periere lacrimae. portat hunc aeger parens
supremum ad ignem, mater hunc amens gerit 60
properatque ut alium repetat in eundem rogum.

quin luctu in ipso luctus exoritur nouus,
suaeque circa funus exequiae cadunt.
tum propria flammis corpora alienis cremant;
diripitur ignis: nullus est miseris pudor.   65
non ossa tumuli lecta discreti tegunt:
arsisse satis est—pars quota in cineres abit?
dest terra tumulis, iam rogos siluae negant.
non uota, non ars ulla correptos leuat:
cadunt medentes, morbus auxilium trahit.   70
   Adfusus aris supplices tendo manus
matura poscens fata, praecurram ut prior
patriam ruentem neue post omnis cadam
fiamque regni funus extremum mei.
o saeua nimium numina, o fatum graue!   75
negatur uni nempe in hoc populo mihi
mors tam parata? sperne letali manu
contacta regna, linque lacrimas, funera,
tabifica caeli uitia quae tecum inuehis
infaustus hospes, profuge iamdudum ocius—   80
uel ad parentes. **Iocasta** Quid iuuat, coniunx, mala
grauare questu? regium hoc ipsum reor:
aduersa capere, quoque sit dubius magis
status et cadentis imperi moles labet,
hoc stare certo pressius fortem gradu: 85
haud est uirile terga Fortunae dare.
Oe. Abest pauoris crimen ac probrum procul,
uirtusque nostra nescit ignauos metus:
si tela contra stricta, si uis horrida
Mauortis in me rueret—aduersus feros   90
audax Gigantas obuias ferrem manus.
nec Sphinga caecis uerba nectentem modis
fugi: cruentos uatis infandae tuli
rictus et albens ossibus sparsis solum;
cumque e superna rupe iam praedae imminens   95

aptaret alas uerbera et caudae mouens
saeui leonis more conciperet minas,
carmen poposci: sonuit horrendum insuper,
crepuere malae, saxaque impatiens morae
reuulsit unguis uiscera expectans mea;   100
nodosa sortis uerba et implexos dolos
ac triste carmen alitis solui ferae.
    Quid sera mortis uota nunc demens facis?
licuit perire. laudis hoc pretium tibi
sceptrum et peremptae Sphingis haec merces datur.   105
ille, ille dirus callidi monstri cinis
in nos rebellat, illa nunc Thebas lues
perempta perdit. Vna iam superest salus,
si quam salutis Phoebus ostendat uiam.
    Chorvs Occidis, Cadmi generosa proles,   110
urbe cum tota; uiduas colonis
respicis terras, miseranda Thebe.
carpitur leto tuus ille, Bacche,
miles, extremos comes usque ad Indos,
ausus Eois equitare campis   115
figere et mundo tua signa primo:
cinnami siluis Arabas beatos
uidit et uersas equitis sagittas,
terga fallacis metuenda Parthi;
litus intrauit pelagi rubentis: 120
promit hinc ortus aperitque lucem
Phoebus et flamma propiore nudos
    inficit Indos.
Stirpis inuictae genus interimus,
labimur saeuo rapiente fato;   125
ducitur semper noua pompa Morti:
longus ad manes properatur ordo
agminis maesti, seriesque tristis
haeret et turbae tumulos petenti

non satis septem patuere portae. 130
stat grauis strages premiturque iuncto
    funere funus.
Prima uis tardas tetigit bidentes:
laniger pingues male carpsit herbas;
colla tacturus steterat sacerdos: 135
dum manus certum parat alta uulnus,
aureo taurus rutilante cornu
labitur segnis; patuit sub ictu
ponderis uasti resoluta ceruix:
nec cruor, ferrum maculauit atra 140
turpis e plaga sanies profusa.
segnior cursu sonipes in ipso
concidit gyro dominumque prono
    prodidit armo.
Incubant agris pecudes relictae; 145
taurus armento pereunte marcet:
deficit pastor grege deminuto
tabidos inter moriens iuuencos.
non lupos cerui metuunt rapaces,
cessat irati fremitus leonis, 150
nulla uillosis feritas in ursis;
perdidit pestem latebrosa serpens:
aret et sicco moritur ueneno.

   Non silua sua decorata coma
fundit opacis montibus umbras, 155
non rura uirent ubere glebae,
non plena suo uitis Iaccho
    bracchia curuat:
omnia nostrum sensere malum.
Rupere Erebi claustra profundi 160
turba sororum face Tartarea
Phlegethonque sua motam ripa
miscuit undis Styga Sidoniis.

Mors atra auidos oris hiatus
pandit et omnis explicat alas;   165
quique capaci turbida cumba
    flumina seruat
durus senio nauita crudo,
uix assiduo bracchia conto
    lassata refert,
fessus turbam uectare nouam.   170
Quin Taenarii uincula ferri
rupisse canem fama et nostris
errare locis, mugisse solum,
uaga per lucos * * *
simulacra uirum maiora uiris,   175
bis Cadmeum niue discussa
    tremuisse nemus,
bis turbatam sanguine Dircen,
nocte silenti * * *
Amphionios ululasse canes.
    O dira noui facies leti   180
    grauior leto:
piger ignauos alligat artus
languor, et aegro rubor in uultu,
maculaeque cutem sparsere leues.
tum uapor ipsam corporis arcem   185
    flammeus urit
multoque genas sanguine tendit,
oculique rigent, resonant aures
stillatque niger naris aduncae
cruor et uenas rumpit hiantes;   190
intima creber uiscera quassat
    gemitus stridens
et sacer ignis pascitur artus.
Iamque amplexu frigida presso
    saxa fatigant;

quos liberior domus elato
custode sinit, petitis fontes   195
aliturque sitis latice ingesto.
Prostrata iacet turba per aras
    oratque mori:
solum hoc faciles tribuere dei.
delubra petunt, haut ut uoto
    numina placent,   200
sed iuuat ipsos satiare deos.
    Quisnam ille propero regiam gressu petit?
adestne clarus sanguine ac factis Creo
an aeger animus falsa pro ueris uidet?
adest petitus omnibus uotis Creo.   205
    Oedipvs Horrore quatior, fata quo uergant timens,
trepidumque gemino pectus affectu labat:
ubi laeta duris mixta in ambiguo iacent,
incertus animus scire cum cupiat timet.
    Germane nostrae coniugis, fessis opem   210
si quam reportas, uoce properata edoce.
Creo Responsa dubia sorte perplexa iacent.
Oe. Dubiam salutem qui dat adflictis negat.
Cr. Ambage flexa Delphico mos est deo
arcana tegere. **Oe.** Fare, sit dubium licet: 215
ambigua soli noscere Oedipodae datur.
Cr. Caedem expiari regiam exilio deus
et interemptum Laium ulcisci iubet:
non ante caelo lucidus curret dies
haustusque tutos aetheris puri dabit.   220
Oe. Et quis peremptor incluti regis fuit?
quem memoret ede Phoebus, ut poenas luat.
Cr. Sit, precor, dixisse tutum uisu et auditu horrida;
torpor insedit per artus, frigidus sanguis coit.
ut sacrata templa Phoebi supplici intraui pede   225
et pias numen precatus rite summisi manus,

gemina Parnasi niualis arx trucem fremitum dedit;
imminens Phoebea laurus tremuit et mouit domum
ac repente sancta fontis lympha Castalii stetit.
incipit Letoa uates spargere horrentes comas   230
et pati commota Phoebum; contigit nondum specum,
emicat uasto fragore maior humano sonus:
'mitia Cadmeis remeabunt sidera Thebis,
si profugus Dircen Ismenida liquerit hospes
regis caede nocens, Phoebo iam notus et infans.   235
nec tibi longa manent sceleratae gaudia caedis:
tecum bella geres, natis quoque bella relinques,
turpis maternos iterum reuolutus in ortus.'
Oe. Quod facere monitu caelitum iussus paro,
functi cineribus regis hoc decuit dari,   240
ne sancta quisquam sceptra uiolaret dolo.
regi tuenda maxime regum est salus:
quaerit peremptum nemo quem incolumem timet.
Cr. Curam perempti maior excussit timor.
Oe. Pium prohibuit ullus officium metus?   245
Cr. Prohibent nefandi carminis tristes minae.
Oe. Nunc expietur numinum imperio scelus.
   Quisquis deorum regna placatus uides:
tu, tu penes quem iura praecipitis poli,
tuque, o sereni maximum mundi decus,   250
bis sena cursu signa qui uario legis,
qui tarda celeri saecula euoluis rota,
sororque fratri semper occurrens tuo,
noctiuaga Phoebe, quique uentorum potens
aequor per altum caerulos currus agis,   255
et qui carentis luce disponis domos,
adeste: cuius Laius dextra occidit,
hunc non quieta tecta, non fidi lares,
non hospitalis exulem tellus ferat:
thalamis pudendis doleat et prole impia;   260

hic et parentem dextera perimat sua,
faciatque (num quid grauius optari potest?)
quidquid ego fugi. Non erit ueniae locus:
per regna iuro quaeque nunc hospes gero
et quae reliqui perque penetrales deos, 265
per te, pater Neptune, qui fluctu leui
utrimque nostro geminus alludis solo;
et ipse nostris uocibus testis ueni,
fatidica uatis ora Cirrhaeae mouens:
ita molle senium ducat et summum diem 270
securus alto reddat in solio parens
solasque Merope nouerit Polybi faces,
ut nulla sontem gratia eripiet mihi.
    Sed quo nefandum facinus admissum loco est,
memorate: aperto Marte an insidiis iacet? 275
Cr. Frondifera sanctae nemora Castaliae petens
calcauit artis obsitum dumis iter,
trigemina qua se spargit in campos uia.
secat una gratum Phocidos Baccho solum,
unde altus arua deserit, caelum petens, 280
clementer acto colle Parnasos biceps;
at una bimaris Sisyphi terras adit
Olenia in arua; tertius trames caua
conualle serpens tangit errantes aquas
gelidumque dirimit amnis Olmii uadum: 285
hic pace fretum subita praedonum manus
aggressa ferro facinus occultum tulit.
    In tempore ipso sorte Phoebea excitus
Tiresia tremulo tardus accelerat genu
comesque Manto luce uiduatum trahens. 290
Oe. Sacrate diuis, proximum Phoebo caput,
responsa solue; fare, quem poenae petant.
    Tiresia Quod tarda fatu est lingua, quod quaerit moras
haut te quidem, magnanime, mirari addecet:

uisu carenti magna pars ueri patet. 295
sed quo uocat me patria, quo Phoebus, sequar:
fata eruantur; si foret uiridis mihi
calidusque sanguis, pectore exciperem deum.
    Appellite aris candidum tergo bouem
curuoque numquam colla depressam iugo. 300
Tu lucis inopem, gnata, genitorem regens
manifesta sacri signa fatidici refer.
Manto Opima sanctas uictima ante aras stetit.
Ti. In uota superos uoce sollemni uoca
arasque dono turis Eoi extrue. 305
Ma. Iam tura sacris caelitum ingessi focis.
Ti. Quid flamma? largas iamne comprendit dapes?
Ma. Subito refulsit lumine et subito occidit.
Ti. Vtrumne clarus ignis et nitidus stetit
rectusque purum uerticem caelo tulit 310
et summam in auras fusus explicuit comam?
an latera circa serpit incertus uiae
et fluctuante turbidus fumo labat?
Ma. Non una facies mobilis flammae fuit:
imbrifera qualis implicat uarios sibi 315
Iris colores, parte quae magna poli
curuata picto nuntiat nimbos sinu
(quis desit illi quiue sit dubites color),
caerulea fuluis mixta oberrauit notis,
sanguinea rursus; ultima in tenebras abit. 320
sed ecce pugnax ignis in partes duas
discedit et se scindit unius sacri
discors fauilla—genitor, horresco intuens:
libata Bacchi dona permutat cruor
ambitque densus regium fumus caput 325
ipsosque circa spissior uultus sedet
et nube densa sordidam lucem abdidit.
quid sit, parens, effare. **Ti.** Quid fari queam

inter tumultus mentis attonitae uagus?
quidnam loquar? sunt dira, sed in alto mala; 330
solet ira certis numinum ostendi notis:
quid istud est quod esse prolatum uolunt
iterumque nolunt et truces iras tegunt?
pudet deos nescioquid. Huc propere admoue
et sparge salsa colla taurorum mola. 335
placidone uultu sacra et admotas manus
patiuntur? **Ma.** Altum taurus attollens caput
primos ad ortus positus expauit diem
trepidusque uultum obliquat et radios fugit.
Ti. Vnone terram uulnere afflicti petunt? 340
Ma. Iuuenca ferro semet opposito induit
et uulnere uno cecidit, at taurus duos
perpessus ictus huc et huc dubius ruit
animamque fessus uix reluctantem exprimit.
Ti. Vtrum citatus uulnere angusto micat 345
an lentus altas irrigat plagas cruor?
Ma. Huius per ipsam qua patet pectus uiam
effusus amnis, huius exiguo graues
maculantur ictus imbre; sed uersus retro
per ora multus sanguis atque oculos redit. 350
Ti. Infausta magnos sacra terrores cient.
sed ede certas uiscerum nobis notas.
Ma. Genitor, quid hoc est? non leui motu, ut solent,
agitata trepidant exta, sed totas manus
quatiunt nouusque prosilit uenis cruor. 355
cor marcet aegrum penitus ac mersum latet
liuentque uenae; magna pars fibris abest
et felle nigro tabidum spumat iecur,
ac (semper omen unico imperio graue)
en capita paribus bina consurgunt toris; 360
sed utrumque caesum tenuis abscondit caput
membrana latebram rebus occultis negans.

hostile ualido robore insurgit latus
septemque uenas tendit; has omnis retro
prohibens reuerti limes oblicus secat.   365
mutatus ordo est, sede nil propria iacet,
sed acta retro cuncta: non animae capax
in parte dextra pulmo sanguineus iacet,
non laeua cordi regio, non molli ambitu
omenta pingues uisceri obtendunt sinus: 370
natura uersa est; nulla lex utero manet.
Scrutemur, unde tantus hic extis rigor.
quod hoc nefas? conceptus innuptae bouis,
nec more solito positus alieno in loco,
implet parentem; membra cum gemitu mouet,   375
rigore tremulo debiles artus micant;
infecit atras liuidus fibras cruor
temptantque turpes mobilem trunci gradum,
et inane surgit corpus ac sacros petit
cornu ministros; uiscera effugiunt manum.   380
neque ista, quae te pepulit, armenti grauis
uox est nec usquam territi resonant greges:
immugit aris ignis et trepidant foci.
Oe. Quid ista sacri signa terrifici ferant,
exprome; uoces aure non timida hauriam: 385
solent suprema facere securos mala.
Ti. His inuidebis quibus opem quaeris malis.
Oe. Memora quod unum scire caelicolae uolunt,
contaminarit rege quis caeso manus.
Ti. Nec alta caeli quae leui pinna secant   390
nec fibra uiuis rapta pectoribus potest
ciere nomen; alia temptanda est uia:
ipse euocandus noctis aeternae plagis,
emissus Erebo ut caedis auctorem indicet.
reseranda tellus, Ditis implacabile   395
numen precandum, populus infernae Stygis

huc extrahendus: ede cui mandes sacrum;
nam te, penes quem summa regnorum, nefas
inuisere umbras. **Oe.** Te, Creo, hic poscit labor,
ad quem secundum regna respiciunt mea.   400
Ti. Dum nos profundae claustra laxamus Stygis,
populare Bacchi laudibus carmen sonet.
Chorvs Effusam redimite comam nutante corymbo,
mollia Nysaeis armatus bracchia thyrsis,
lucidum caeli decus. huc ades   405
uotis, quae tibi nobiles
Thebae, Bacche, tuae
palmis supplicibus ferunt.
huc aduerte fauens uirgineum caput,
uultu sidereo discute nubila
et tristes Erebi minas   410
auidumque fatum.
Te decet cingi comam floribus uernis,
te caput Tyria cohibere mitra
hederaue mollem
bacifera religare frontem,   415
spargere effusos sine lege crines,
rursus adducto reuocare nodo,
qualis iratam metuens nouercam
creueras falsos imitatus artus,
crine flauenti simulata uirgo,   420
lutea uestem retinente zona:
inde tam molles placuere cultus
et sinus laxi fluidumque syrma.
Vidit aurato residere curru
ueste cum longa regere et leones   425
omnis Eoae plaga uasta terrae,
qui bibit Gangen niueumque quisquis
    frangit Araxen.
Te senior turpi sequitur Silenus asello,

turgida pampineis redimitus tempora
sertis;   430
condita lasciui deducunt orgia mystae.
Te Bassaridum comitata cohors
nunc Edono pede pulsauit
    sola Pangaeo,
nunc Threicio uertice Pindi;   435
nunc Cadmeas inter matres
    impia maenas
comes Ogygio uenit Iaccho,
nebride sacra praecincta latus.
Tibi commotae pectora matres
    fudere comam   440
thyrsumque leuem uibrante manu
iam post laceros Pentheos artus
thyades oestro membra remissae
uelut ignotum uidere nefas.
Ponti regna tenet nitidi matertera Bacchi   445
Nereidumque choris Cadmeia cingitur Ino;
ius habet in fluctus magni puer aduena ponti,
cognatus Bacchi, numen non uile Palaemon.
Te Tyrrhena, puer, rapuit manus,
et tumidum Nereus posuit mare,   450
caerula cum pratis mutat freta:
hinc uerno platanus folio uiret
et Phoebo laurus carum nemus;
garrula per ramos auis obstrepit;
uiuaces hederas remus tenet,   455
summa ligat uitis carchesia.
Idaeus prora fremuit leo,
tigris puppe sedet Gangetica.
Tum pirata freto pauidus natat,
et noua demersos facies habet: 460
bracchia prima cadunt praedonibus

inlisumque utero pectus coit,
paruula dependet lateri manus,
et dorso fluctum curuo subit,
lunata scindit cauda mare:					465
et sequitur curuus fugientia
    carbasa delphin.
Diuite Pactolos uexit te Lydius unda,
aurea torrenti deducens flumina ripa;
laxauit uictos arcus Geticasque sagittas
lactea Massagetes qui pocula sanguine miscet;		470
regna securigeri Bacchum sensere Lycurgi,
sensere terrae te Dacum feroces
et quos uicinus Boreas ferit
arua mutantes quasque Maeotis
alluit gentes frigido fluctu					475
quasque despectat uertice e summo
sidus Arcadium geminumque plaustrum.
Ille dispersos domuit Gelonos,
arma detraxit trucibus puellis:
ore deiecto petiere terram					480
Thermodontiacae cateruae,
positisque tandem leuibus sagittis
    Maenades factae.
Sacer Cithaeron sanguine undauit
Ophioniaque caede;						485
Proetides siluas petiere, et Argos
praesente Bacchum coluit nouerca.
    Naxos Aegaeo redimita ponto
tradidit thalamis uirginem relictam
meliore pensans damna marito:					490
pumice ex sicco
fluxit Nyctelius latex;
garruli gramen secuere riui,
conbibit dulces humus alta sucos

niueique lactis candidos fontes 495
et mixta odoro Lesbia cum thymo.
Ducitur magno noua nupta caelo:
sollemne Phoebus
carmen infusis humero capillis
cantat et geminus Cupido 500
    concutit taedas;
telum deposuit Iuppiter igneum
conditque Baccho ueniente fulmen.
Lucida dum current annosi sidera mundi,
Oceanus clausum dum fluctibus ambiet orbem
Lunaque dimissos dum plena recolliget ignes, 505
dum matutinos praedicet Lucifer ortus
altaque caeruleum dum Nerea nesciet Arctos,
candida formosi uenerabimur ora Lyaei.

Oedipvs Etsi ipse uultus flebiles praefert notas,
exprome cuius capite placemus deos. 510
Creo Fari iubes tacere quae suadet metus.
Oe. Si te ruentes non satis Thebae mouent,
at sceptra moueant lapsa cognatae domus.
Cr. Nescisse cupies nosse quae nimium expetis.
Oe. Iners malorum remedium ignorantia est. 515
itane et salutis publicae indicium obrues?
Cr. Vbi turpis est medicina, sanari piget.
Oe. Audita fare, uel malo domitus graui
quid arma possint regis irati scies.
Cr. Odere reges dicta quae dici iubent. 520
Oe. Mitteris Erebo uile pro cunctis caput,
arcana sacri uoce ni retegis tua.
Cr. Tacere liceat. ulla libertas minor
a rege petitur? **Oe.** Saepe uel lingua magis
regi atque regno muta libertas obest. 525
Cr. Vbi non licet tacere, quid cuiquam licet?
Oe. Imperia soluit qui tacet iussus loqui.

Cr. Coacta uerba placidus accipias precor.
Oe. Vlline poena uocis expressae fuit?
Cr. Est procul ab urbe lucus ilicibus niger   530
Dircaea circa uallis inriguae loca.
cupressus altis exerens siluis caput
uirente semper alligat trunco nemus,
curuosque tendit quercus et putres situ
annosa ramos: huius abrupit latus   535
edax uetustas; illa, iam fessa cadens
radice, fulta pendet aliena trabe.
amara bacas laurus et tiliae leues
et Paphia myrtus et per immensum mare
motura remos alnus et Phoebo obuia   540
enode Zephyris pinus opponens latus.
medio stat ingens arbor atque umbra graui
siluas minores urguet et magno ambitu
diffusa ramos una defendit nemus.
tristis sub illa, lucis et Phoebi inscius,   545
restagnat umor frigore aeterno rigens;
limosa pigrum circumit fontem palus.
  Huc ut sacerdos intulit senior gradum,
haut est moratus: * * * *
* * * praestitit noctem locus.
tum effossa tellus, et super rapti rogis   550
iaciuntur ignes. ipse funesto integit
uates amictu corpus et frondem quatit;
squalente cultu maestus ingreditur senex,
lugubris imos palla perfundit pedes,
mortifera canam taxus adstringit comam.   555
nigro bidentes uellere atque atrae boues
antro trahuntur. flamma praedatur dapes
uiuumque trepidat igne ferali pecus.
  Vocat inde manes teque qui manes regis
et obsidentem claustra Lethaei lacus,   560

carmenque magicum uoluit et rabido minax
decantat ore quidquid aut placat leues
aut cogit umbras; sanguinem libat focis
solidasque pecudes urit et multo specum
saturat cruore; libat et niueum insuper   565
lactis liquorem, fundit et Bacchum manu
laeua canitque rursus ac terram intuens
grauiore manes uoce et attonita citat.
latrauit Hecates turba; ter ualles cauae
sonuere maestum, tota succusso solo   570
pulsata tellus. 'audior' uates ait,
'rata uerba fudi: rumpitur caecum chaos
iterque populis Ditis ad superos datur.'
Subsedit omnis silua et erexit comas,
duxere rimas robora et totum nemus   575
concussit horror, terra se retro dedit
gemuitque penitus: siue temptari abditum
Acheron profundum mente non aequa tulit,
siue ipsa tellus, ut daret functis uiam,
compage rupta sonuit, aut ira furens   580
triceps catenas Cerberus mouit graues.
 Subito dehiscit terra et immenso sinu
laxata patuit—ipse pallentes deos
uidi inter umbras, ipse torpentes lacus
noctemque ueram; gelidus in uenis stetit   585
haesitque sanguis. saeua prosiluit cohors
et stetit in armis omne uipereum genus,
fratrum cateruae dente Dircaeo satae.
tum torua Erinys sonuit et caecus Furor   590
Horrorque et una quidquid aeternae creant
celantque tenebrae: Luctus auellens comam
aegreque lassum sustinens Morbus caput,
grauis Senectus sibimet et pendens Metus
auidumque populi Pestis Ogygii malum—   589

nos liquit animus; ipsa quae ritus senis 595
artesque norat stupuit. Intrepidus parens
audaxque damno conuocat Ditis feri
exsangue uulgus: ilico, ut nebulae leues,
uolitant et auras libero caelo trahunt.
non tot caducas educat frondes Eryx 600
nec uere flores Hybla tot medio creat,
cum examen arto nectitur densum globo,
fluctusque non tot frangit Ionium mare,
nec tanta gelidi Strymonis fugiens minas
permutat hiemes ales et caelum secans 605
tepente Nilo pensat Arctoas niues,
quot ille populos uatis eduxit sonus.

 Pauide latebras nemoris umbrosi petunt
animae trementes: primus emergit solo,
dextra ferocem cornibus taurum premens, 610
Zethus, manuque sustinet laeua chelyn
qui saxa dulci traxit Amphion sono,
interque natos Tantalis tandem suos
tuto superba fert caput fastu graue
et numerat umbras. peior hac genetrix adest 615
furibunda Agaue, tota quam sequitur manus
partita regem: sequitur et Bacchas lacer
Pentheus tenetque saeuus etiamnunc minas.

 Tandem uocatus saepe pudibundum extulit
caput atque ab omni dissidet turba procul 620
celatque semet (instat et Stygias preces
geminat sacerdos, donec in apertum efferat
uultus opertos) Laius—fari horreo:
stetit per artus sanguine effuso horridus,
paedore foedo squalidam obtentus comam, 625
et ore rabido fatur: 'O Cadmi effera,
cruore semper laeta cognato domus,
uibrate thyrsos, enthea gnatos manu

lacerate potius—maximum Thebis scelus
maternus amor est. patria, non ira deum, 630
sed scelere raperis: non graui flatu tibi
luctificus Auster nec parum pluuio aethere
satiata tellus halitu sicco nocet,
sed rex cruentus, pretia qui saeuae necis
sceptra et nefandos occupat thalamos patris 635
[inuisa proles: sed tamen peior parens
quam gnatus, utero rursus infausto grauis]
egitque in ortus semet et matri impios
fetus regessit, quique uix mos est feris,
fratres sibi ipse genuit—implicitum malum 640
magisque monstrum Sphinge perplexum sua.
Te, te cruenta sceptra qui dextra geris,
te pater inultus urbe cum tota petam
et mecum Erinyn pronubam thalami traham,
traham sonantis uerbera, incestam domum 645
uertam et penates impio Marte obteram.
Proinde pulsum finibus regem ocius
agite exulem quocumque; funesto gradu
solum relinquat: uere florifero uirens
reparabit herbas; spiritus puros dabit 650
uitalis aura, ueniet et siluis decor;
Letum Luesque, Mors Labor Tabes Dolor,
comitatus illo dignus, excedent simul;
et ipse rapidis gressibus sedes uolet
effugere nostras, sed graues pedibus moras 655
addam et tenebo: reptet incertus uiae,
baculo senili triste praetemptans iter:
eripite terras, auferam caelum pater.'
Oe. Et ossa et artus gelidus inuasit tremor:
quidquid timebam facere fecisse arguor— 660
tori iugalis abnuit Merope nefas
sociata Polybo; sospes absoluit manus

Polybus meas: uterque defendit parens
caedem stuprumque. quis locus culpae est super?
multo ante Thebae Laium amissum gemunt, 665
Boeota gressu quam meo tetigi loca.
falsusne senior an deus Thebis grauis?
    Iam iam tenemus callidi socios doli:
mentitur ista praeferens fraudi deos
uates, tibique sceptra despondet mea. 670
Cr. Egone ut sororem regia expelli uelim?
si me fides sacrata cognati laris
non contineret in meo certum statu,
tamen ipsa me fortuna terreret nimis
sollicita semper. liceat hoc tuto tibi 675
exuere pondus nec recedentem opprimat:
iam te minore tutior pones loco.
Oe. Hortaris etiam, sponte deponam ut mea
tam grauia regna? **Cr.** Suadeam hoc illis ego,
in utrumque quis est liber etiamnunc status: 680
tibi iam necesse est ferre fortunam tuam.
Oe. Certissima est regnare cupienti uia
laudare modica et otium ac somnum loqui;
ab inquieto saepe simulatur quies.
Cr. Parumne me tam longa defendit fides? 685
Oe. Aditum nocendi perfido praestat fides.
Cr. Solutus onere regio regni bonis
fruor domusque ciuium coetu uiget,
nec ulla uicibus surgit alternis dies
qua non propinqui munera ad nostros lares 690
sceptri redundent; cultus, opulentae dapes,
donata multis gratia nostra salus:
quid tam beatae desse fortunae rear?
Oe. Quod dest: secunda non habent umquam modum.
Cr. Incognita igitur ut nocens causa cadam? 695
Oe. Num ratio uobis reddita est uitae meae?

num audita causa est nostra Tiresiae? tamen
sontes uidemur. facitis exemplum: sequor.
Cr. Quid si innocens sum? **Oe.** Dubia pro certis solent
timere reges. **Cr.** Qui pauet uanos metus, 700
ueros meretur. **Oe.** Quisquis in culpa fuit,
dimissus odit: omne quod dubium est cadat.
Cr. Sic odia fiunt. **Oe.** Odia qui nimium timet
regnare nescit: regna custodit metus.
Cr. Qui sceptra duro saeuus imperio gerit, 705
timet timentis: metus in auctorem redit.
Oe. Seruate sontem saxeo inclusum specu.
ipse ad penates regios referam gradum.

    Chorvs Non tu tantis causa periclis,
non haec Labdacidas petunt 710
fata, sed ueteres deum
irae secuntur: Castalium nemus
umbram Sidonio praebuit hospiti
lauitque Dirce Tyrios colonos,
ut primum magni natus Agenoris, 715
fessus per orbem furta sequi Iouis,
sub nostra pauidus constitit arbore
praedonem uenerans suum,
monituque Phoebi
iussus erranti comes ire uaccae,
quam non flexerat 720
uomer aut tardi iuga curua plaustri,
deseruit fugas nomenque genti
inauspicata de boue tradidit.

    Tempore ex illo noua monstra semper
protulit tellus: 725
aut anguis imis uallibus editus
annosa circa robora sibilat
superatque pinus,
supra Chaonias celsior arbores

erexit caeruleum caput,
cum maiore sui parte recumberet;   730
aut feta tellus impio partu
effudit arma:
sonuit reflexo classicum cornu
lituusque adunco stridulos cantus
elisit aere
non ante linguas agiles et ora   735
uocis ignotae clamore primum
hostico experti.
    Agmina campos cognata tenent,
dignaque iacto semine proles
uno aetatem permensa die   740
post Luciferi nata meatus
ante Hesperios occidit ortus.
horret tantis aduena monstris
populique timet bella recentis,
donec cecidit saeua iuuentus   745
genetrixque suo reddi gremio
modo productos uidit alumnos—
hac transierit ciuile nefas!
illa Herculeae norint Thebae
    proelia fratrum.   750
    Quid? Cadmei fata nepotis,
cum uiuacis cornua cerui
frontem ramis texere nouis
dominumque canes egere suum?
praeceps siluas montesque fugit   755
citus Actaeon agilique magis
pede per saltus ac saxa uagus
metuit motas zephyris plumas
et quae posuit retia uitat—
donec placidi fontis in unda   760
cornua uidit uultusque feros,

ubi uirgineos fouerat artus
nimium saeui diua pudoris.
 Oedipvs Curas reuoluit animus et repetit metus.
obisse nostro Laium scelere autumant   765
superi inferique, sed animus contra innocens
sibique melius quam deis notus negat.
redit memoria tenue per uestigium,
cecidisse nostri stipitis pulsu obuium
datumque Diti, cum prior iuuenem senex   770
curru superbus␣pelleret, Thebis procul
Phocaea trifidas regio qua scindit uias.
 Vnanima coniunx, explica errores, precor:
quae spatia moriens Laius uitae tulit?
primone in aeuo uiridis an fracto occidit?   775
Iocasta Inter senem iuuenemque, sed propior seni.
Oe. Frequensne turba regium cinxit latus?
Ioc. Plures fefellit error ancipitis uiae,
paucos fidelis curribus iunxit labor.
Oe. Aliquisne cecidit regio fato comes?   780
Ioc. Vnum fides uirtusque consortem addidit.
Oe. Teneo nocentem: conuenit numerus, locus—
sed tempus adde. **Ioc.** Decima iam metitur seges.
 Senex Corinthivs Corinthius te populus in regnum uocat
patrium: quietem Polybus aeternam obtinet.   785
Oe. Vt undique in me saeua Fortuna irruit!
edissere agedum, quo cadat fato parens.
Sen. Animam senilem mollis exsoluit sopor.
Oe. Genitor sine ulla caede defunctus iacet:
testor, licet iam tollere ad caelum pie   790
puras nec ulla scelera metuentes manus.
Sed pars magis metuenda fatorum manet.
Sen. Omnem paterna regna discutient metum.
Oe. Repetam paterna regna; sed matrem horreo.
Sen. Metuis parentem, quae tuum reditum expetens   795

sollicita pendet? **Oe.** Ipsa me pietas fugat.
Sen. Viduam relinques? **Oe.** Tangis en ipsos metus.
Sen. Effare mersus quis premat mentem timor;
praestare tacitam regibus soleo fidem.
Oe. Conubia matris Delphico monitu tremo.   800
Sen. Timere uana desine et turpes metus
depone. Merope uera non fuerat parens.
Oe. Quod subditiui praemium gnati petit?
Sen. Regum superbam liberi astringunt fidem.
Oe. Secreta thalami fare quo excipias modo.   805
Sen. Hae te parenti paruulum tradunt manus.
Oe. Tu me parenti tradis; at quis me tibi?
Sen. Pastor niuoso sub Cithaeronis iugo.
Oe. In illa temet nemora quis casus tulit?
Sen. Illo sequebar monte cornigeros greges.   810
Oe. Nunc adice certas corporis nostri notas.
Sen. Forata ferro gesseras uestigia,
tumore nactus nomen ac uitio pedum.
Oe. Quis fuerit ille qui meum dono dedit
corpus requiro. **Sen.** Regios pauit greges;   815
minor sub illo turba pastorum fuit.
Oe. Eloquere nomen. **Sen.** Prima languescit senum
memoria longo lassa sublabens situ.
Oe. Potesne facie noscere ac uultu uirum?
Sen. Fortasse noscam: saepe iam spatio obrutam   820
leuis exoletam memoriam reuocat nota.
Oe. Ad sacra et aras omne compulsum pecus
duces sequuntur: ite, propere accersite,
famuli, penes quem summa consistit gregum.
Ioc. Siue ista ratio siue fortuna occulit,   825
latere semper patere quod latuit diu:
saepe eruentis ueritas patuit malo.
Oe. Malum timeri maius his aliquod potest?
Ioc. Magnum esse magna mole quod petitur scias:

concurrit illinc publica, hinc regis salus, 830
utrimque paria; contine medias manus:
ut nil lacessas, ipsa se fata explicant.
Oe. Non expedit concutere felicem statum:
tuto mouetur quidquid extremo in loco est.
Ioc. Nobilius aliquid genere regali appetis? 835
ne te parentis pigeat inuenti uide.
Oe. Vel paenitendi sanguinis quaeram fidem:
sic nosse certum est.—Ecce grandaeuus senex,
arbitria sub quo regii fuerant gregis,
Phorbas. refersne nomen aut uultum senis? 840
Sen. Adridet animo forma; nec notus satis,
nec rursus iste uultus ignotus mihi.
Oe. Regnum optinente Laio famulus greges
agitasti opimos sub Cithaeronis plaga?
    Phorbas Laetus Cithaeron pabulo semper nouo 845
aestiua nostro prata summittit gregi.
Sen. Noscisne memet? **Ph.** Dubitat anceps memoria.
Oe. Huic aliquis a te traditur quondam puer?
effare. dubitas? cur genas mutat color?
quid uerba quaeris? ueritas odit moras. 850
Ph. Obducta longo temporum tractu moues.
Oe. Fatere, ne te cogat ad uerum dolor.
Ph. Inutile isti munus infantem dedi:
non potuit ille luce, non caelo frui.
Sen. Procul sit omen; uiuit et uiuat precor. 855
Oe. Superesse quare traditum infantem negas?
Ph. Ferrum per ambos tenue transactum pedes
ligabat artus, uulneri innatus tumor
puerile foeda corpus urebat lue.
Oe. Quid quaeris ultra? fata iam accedunt prope.— 860
quis fuerit infans edoce. **Ph.** Prohibet fides.
Oe. Huc aliquis ignem! flamma iam excutiet fidem.
Ph. Per tam cruentas uera quaerentur uias?

ignosce quaeso. **Oe.** Si ferus uideor tibi
et impotens, parata uindicta in manu est: 865
dic uera: quisnam? quoue generatus patre?
qua matre genitus? **Ph.** Coniuge est genitus tua.
Oe. Dehisce, tellus, tuque tenebrarum potens,
in Tartara ima, rector umbrarum, rape
retro reuersas generis ac stirpis uices. 870
congerite, ciues, saxa in infandum caput,
mactate telis: me petat ferro parens,
me gnatus, in me coniuges arment manus
fratresque, et aeger populus ereptos rogis
iaculetur ignes. saeculi crimen uagor, 875
odium deorum, iuris exitium sacri,
qua luce primum spiritus hausi rudes
iam morte dignus. redde nunc animos pares,
nunc aliquid aude sceleribus dignum tuis.—
i, perge, propero regiam gressu pete: 880
gratare matri liberis auctam domum.

    Chorvs Fata si liceat mihi
fingere arbitrio meo,
temperem Zephyro leui
uela, ne pressae graui 885
spiritu antennae tremant:
lenis et modice fluens
aura nec uergens latus
ducat intrepidam ratem;
tuta me media uehat 890
uita decurrens uia.

    Gnosium regem timens
astra dum demens petit
artibus fisus nouis
certat et ueras aues 895
uincere ac falsis nimis
imperat pinnis puer,

nomen eripuit freto.
Callidus medium senex
Daedalus librans iter 900
nube sub media stetit
alitem expectans suum
(qualis accipitris minas
fugit et sparsos metu
conligit fetus auis), 905
donec in ponto manus
mouit implicitas puer.
[comes audacis uiae]
quidquid excessit modum
pendet instabili loco. 910
    Sed quid hoc? postes sonant,
maestus et famulus manu
regius quassat caput.—
Ede quid portes noui.
    Nvntivs Praedicta postquam fata et infandum genus 915
deprendit ac se scelere conuictum Oedipus
damnauit ipse, regiam infestus petens
inuisa propero tecta penetrauit gradu,
qualis per arua Libycus insanit leo,
fuluam minaci fronte concutiens iubam; 920
uultus furore toruus atque oculi truces,
gemitus et altum murmur, et gelidus uolat
sudor per artus, spumat et uoluit minas
ac mersus alte magnus exundat dolor.
secum ipse saeuus grande nescioquid parat 925
suisque fatis simile. 'quid poenas moror?'
ait 'hoc scelestum pectus aut ferro petat
aut feruido aliquis igne uel saxo domet.
quae tigris aut quae saeua uisceribus meis
incurret ales? ipse tu scelerum capax, 930
sacer Cithaeron, uel feras in me tuis

emitte siluis, mitte uel rabidos canes—
nunc redde Agauen. anime, quid mortem times?
mors innocentem sola Fortunae eripit.'
    Haec fatus aptat impiam capulo manum 935
ensemque ducit. 'itane? tam magnis breues
poenas sceleribus soluis atque uno omnia
pensabis ictu? moreris: hoc patri sat est;
quid deinde matri, quid male in lucem editis
gnatis, quid ipsi, quae tuum magna luit 940
scelus ruina, flebili patriae dabis?
soluendo non es: illa quae leges ratas
Natura in uno uertit Oedipoda, nouos
commenta partus, supplicis eadem meis
nouetur. iterum uiuere atque iterum mori 945
liceat, renasci semper ut totiens noua
supplicia pendas—utere ingenio, miser:
quod saepe fieri non potest fiat diu;
mors eligatur longa. quaeratur uia
qua nec sepultis mixtus et uiuis tamen 950
exemptus erres: morere, sed citra patrem.
cunctaris, anime? subitus en uultus grauat
profusus imber ac rigat fletu genas—
et flere satis est? hactenus fundent leuem
oculi liquorem? sedibus pulsi suis 955
lacrimas sequantur: hi maritales statim
fodiantur oculi.' Dixit atque ira furit:
ardent minaces igne truculento genae
oculique uix se sedibus retinent suis;
uiolentus audax uultus, iratus ferox 960
iamiam eruentis; gemuit et dirum fremens
manus in ora torsit. at contra truces
oculi steterunt et suam intenti manum
ultro insecuntur, uulneri occurrunt suo.
scrutatur auidus manibus uncis lumina, 965

radice ab ima funditus uulsos simul
euoluit orbes; haeret in uacuo manus
et fixa penitus unguibus lacerat cauos
alte recessus luminum et inanes sinus
saeuitque frustra plusque quam satis est furit. 970
tantum est periclum lucis? attollit caput
cauisque lustrans orbibus caeli plagas
noctem experitur. quidquid effossis male
dependet oculis rumpit, et uictor deos
conclamat omnis: 'parcite en patriae, precor: 975
iam iusta feci, debitas poenas tuli;
inuenta thalamis digna nox tandem meis.'
rigat ora foedus imber et lacerum caput
largum reuulsis sanguinem uenis uomit.

 Chorvs Fatis agimur: cedite fatis;   980
non sollicitae possunt curae
mutare rati stamina fusi.
quidquid patimur mortale genus,
quidquid facimus uenit ex alto,
seruatque suae decreta colus   985
Lachesis dura reuoluta manu.
omnia certo tramite uadunt
primusque dies dedit extremum:
non illa deo uertisse licet,
quae nexa suis currunt causis.   990
it cuique ratus prece non ulla
 mobilis ordo:
multis ipsum metuisse nocet,
multi ad fatum uenere suum
 dum fata timent.
 Sonuere fores atque ipse suum   995
duce non ullo molitur iter
 luminis orbus.

 Oedipvs Bene habet, peractum est: iusta persolui patri.

iuuant tenebrae. quis deus tandem mihi
placatus atra nube perfundit caput?　　　　　1000
quis scelera donat? conscium euasi diem.
nil, parricida, dexterae debes tuae:
lux te refugit. uultus Oedipodam hic decet.
Cho. En ecce, rapido saeua prosiluit gradu
Iocasta uaecors, qualis attonita et furens　　　1005
Cadmea mater abstulit gnato caput
sensitue raptum. dubitat afflictum alloqui,
cupit pauetque. iam malis cessit pudor,
sed haeret ore prima uox. **Iocasta** Quid te uocem?
gnatumne? dubitas? gnatus es: gnatum pudet;　1010
inuite loquere gnate—quo auertis caput
uacuosque uultus? **Oe.** Quis frui tenebris uetat?
quis reddit oculos? matris, en matris sonus!
perdidimus operam. congredi fas amplius
haut est nefandos. diuidat uastum mare　　　1015
dirimatque tellus abdita et quisquis sub hoc
in alia uersus sidera ac solem auium
dependet orbis alterum ex nobis ferat.
Ioc. Fati ista culpa est: nemo fit fato nocens.
Oe. Iam parce uerbis, mater, et parce auribus:　1020
per has reliquias corporis trunci precor,
per inauspicatum sanguinis pignus mei,
per omne nostri nominis fas ac nefas.
Ioc. Quid, anime, torpes? socia cur scelerum dare
poenas recusas? omne confusum perit,　　　1025
incesta, per te iuris humani decus:
morere et nefastum spiritum ferro exige.
non si ipse mundum concitans diuum sator
corusca saeua tela iaculetur manu,
umquam rependam sceleribus poenas pares　1030
mater nefanda. mors placet: mortis uia
quaeratur.—Agedum, commoda matri manum,

si parricida es. restat hoc operi ultimum:
rapiatur ensis; hoc iacet ferro meus
coniunx—quid illum nomine haud uero
uocas?   1035
socer est. utrumne pectori infigam meo
telum an patenti conditum iugulo inprimam?
eligere nescis uulnus: hunc, dextra, hunc pete
uterum capacem, qui uirum et gnatos tulit.
Cho. Iacet perempta. uulneri immoritur
manus   1040
ferrumque secum nimius eiecit cruor.
Oe. Fatidice te, te praesidem ueri deum
compello: solum debui fatis patrem;
bis parricida plusque quam timui nocens
matrem peremi: scelere confecta est meo.   1045
o Phoebe mendax, fata superaui impia.
     Pauitante gressu sequere fallentes uias;
suspensa plantis efferens uestigia
caecam tremente dextera noctem rege.
ingredere praeceps, lubricos ponens gradus,   1050
i profuge uade—siste, ne in matrem incidas.
Quicumque fessi corpore et morbo graues
semanima trahitis pectora, en fugio, exeo:
releuate colla. mitior caeli status
posterga sequitur: quisquis exilem iacens   1055
animam retentat, uiuidos haustus leuis
concipiat. ite, ferte depositis opem:
mortifera mecum uitia terrarum extraho.
Violenta Fata et horridus Morbi tremor,
Maciesque et atra Pestis et rabidus Dolor,   1060
mecum ite, mecum. ducibus his uti libet.

Also Available from JiaHu Books

Πολιτεία – 9781909669482

The Early Dialogues – Apology to Lysis – 9781909669888

Ιλιάς – 9781909669222

Οδύσσεια – 9781909669260

Ἀνάβασις – 9781909669321

Μήδεια – Βάκχαι – 9781909669765

Νεφέλαι – Λυσιστράτη – 9781909669956

Ἱστορίαι – 9781909669710

De rerum natura – Lucretius

Metamorphoses – Ovid (Latin)

Satyricon - Gaius Petronius Arbiter (Latin)

Metamorphoses – Asinus Aureus (Latin)

Plays of Terence (Latin)

Plays of Plautus (Latin)

Complete Works of Pliny the Younger (Latin)

Philippicae (Latin)

Egils Saga (Old Norse)

Egils Saga (Icelandic)

Brennu-Njáls saga (Icelandic)

Laxdæla Saga (Icelandic)

अभीज्ञानशाकुन्तakम्- Recognition of Sakuntala (Sanskrit) – 9781909669192

易經 – 9781909669383

春秋左氏傳 – 9781909669390

尚書 – 9781909669635

www.ingramcontent.com/pod-product-compliance
Lightning Source LLC
Chambersburg PA
CBHW031421040426
42444CB00005B/664